孟欣 战桂芳 马骏 / 主编

汽车维修
钳工基础与操作

山东人民出版社
国家一级出版社 全国百佳图书出版单位

《汽车维修钳工基础与操作》编委会

主　编　孟　欣　战桂芳　马　骏

副主编　王占东　冯存涛　景　广

　　　　　王　新　刘公宪

编　者　纪克玲　张北京　赵修强

　　　　　刘　涛　刘　峰　李　虎

　　　　　刘　妮　陶梦民

前　言

汽车维修钳工是一门工艺学专业（工种），也是其他机械类专业的基本技能，被广泛应用于零部件加工、机械装配、设备维修、工卡量具的制作与修理，深受企业的重视。因为在企业生产过程中，钳工或已成为必经之工序、必备之技能。虽说是传统之工艺，甚至是原始之手段，但现代化、机械化发展到今天，钳工仍是不可替代的。因此，让汽车检测与维修（以下简称汽修）专业的学生学习并掌握钳工操作的基本技能显得尤为重要。这也是现代技工、高级技工培养动手能力的客观要求。

专业课教学的目的是让学生真正掌握其知识和技能，最终运用到工作实践中。而现代的统编教材大多是“钳工工艺学”内容较多，而且理论性较强，对非钳工专业学生的学习极不适合，更不现实，因为现行的学制要求和学时分配难以实现学生对专业知识的“消化”与掌握。因此，对汽修专业而言，钳工应为必修，且以“够用”为目标。基于这种认识，高级讲师王新同志和孟欣老师编写了这本内部教材，其初衷是为汽修专业而编，经过调研，最终确定为非钳工专业的必修教材之一。该教材具有通俗易懂、图文并茂、深入浅出、注重能力培养的特点，体现了教学的直观性和“一体化”要求，是大胆探索和勇于创新的结晶。

面对就业市场多项选择的现实，“主修与兼学”始终是我们所倡导的教学理念，其目的在于培养企业需要的一专多能的技能型人才。因此，本教材对任何一名非钳工专业的学生来说，都是难得的，它将对我校复合型人才的培养产生积极的推动作用。

目　录

第一章　绪论 …………………………………………………… 1
第二章　钳工设备…………………………………………………3
第三章　钳工常用量具………………………………………… 6
　第一节　测量概述 ………………………………………… 6
　第二节　钢尺、角尺和卡钳 ……………………………… 7
　第三节　游标卡尺 ………………………………………… 9
　第四节　千分尺……………………………………………13
　第五节　百分表……………………………………………16
　第六节　塞尺和高度游标卡尺……………………………19
　第七节　量具的维护和保养………………………………20
第四章　划线 ……………………………………………… 22
　第一节　划线概述…………………………………………22
　第二节　划线工具和准备工作……………………………23
　第三节　划线基准的选择…………………………………28
　第四节　划线时的找正和借料……………………………30
第五章　錾削与錾子……………………………………………37
第六章　锉削与锉刀 ……………………………………………49
第七章　锯削与手锯 ……………………………………………66

第八章　钻孔 …………………………………………………………75
第一节　钻头及切削用量的选择 ……………………………………75
第二节　钻孔机械……………………………………………………83
第三节　钻头夹具和钻孔方法………………………………………89
第九章　攻螺纹和套螺纹……………………………………………94
第一节　螺纹的基本知识……………………………………………94
第二节　攻螺纹与丝锥 ………………………………………………97
第三节　套螺纹与板牙………………………………………………104
第十章　矫正、弯形…………………………………………………110
第一节　矫正…………………………………………………………110
第二节　弯形…………………………………………………………114
第十一章　装配的基础知识 …………………………………………123
第一节　装配工艺概述 ………………………………………………123
第二节　尺寸链和装配方法…………………………………………129
第三节　装配前的准备工作…………………………………………142
第四节　装配工艺规程 ………………………………………………148
第十二章　固定连接的装配 …………………………………………153
第一节　螺纹连接的装配……………………………………………153
第二节　键连接的装配 ………………………………………………163
第三节　销连接的装配………………………………………………169
第四节　过盈连接的装配……………………………………………171

第一章　绪　论

我们的祖先早在3000年前就利用金属，通过铸造和锻造制成各种劳动工具、货币和兵器等。随着科技的进步，生产技术的不断发展，钳工工作逐渐从铸造和锻造的工作中分离出来，成为一门独立的工种，称为钳工。

钳工是用手工工具，并在台虎钳上进行手工操作的工种，钳工的主要任务是：

1. 加工零件

一些不适宜采用机械方法或机械方法不能解决的加工，都可由钳工来完成，如零件加工过程中的划线、精密加工以及检验和修配。

2. 装配

把零件按机械设备的各项技术要求进行组件、部件装配和总装配，并经过调整、检验和试车等，使之成为合格的机械设备。

3. 设备维修

当机械设备在使用过程中产生故障、出现损坏或长期使用后精度降低、影响使用时，也要通过钳工进行维护和修理。

4. 工具的制造和修理

制造和修理各种工具、夹具、量具、模具以及各种专用设备。

随着机械工业的日益发展，钳工的工作范围愈来愈广泛，需要掌握的技术理论知识和操作技能愈来愈复杂。于是产生了专业性的分工，以适应不同工作的需要。有的钳工主要从事机器或部件的装配调整工作和某些零件的钳加工工作；有的钳工主要从事模具、夹具、工具、量具及样板的制作和修理工作；有的钳工则主要从事各种机械设备的维护和修理工作。

钳工尽管专业分工不同，但都必须掌握好钳工的各项操作技能，包括：划线、錾削、锯削、锉削、钻孔、扩孔、锪孔、铰孔、攻螺纹和套螺纹、矫正和弯曲、铆接、胶接、刮削、研磨等。

复习题

1. 钳工在机械生产过程中有哪些任务？
2. 钳工应掌握的基本操作技能有哪些？

第二章　钳工设备

一、钳台

钳台是用来安装台虎钳、放置工具和工件等的专用设备，台内有几个存放工具的抽屉，案上装有防护网和照明等。钳台有单人用和多人用两种，都由坚硬木料或钢材制成。其高度为800mm~900mm，台面厚度60mm~80mm，长度和宽度随工作需要而定。

二、台虎钳

1. 类型及结构

钳工常用的虎钳有台虎钳和手虎钳两种。台虎钳装在钳台上，用来夹持工件，其规格以钳口的宽度来表示，有100mm（4英寸）、125mm（5英寸）和150mm（6英寸）等。台虎钳又分固定式和回转式（图2–1）两种。

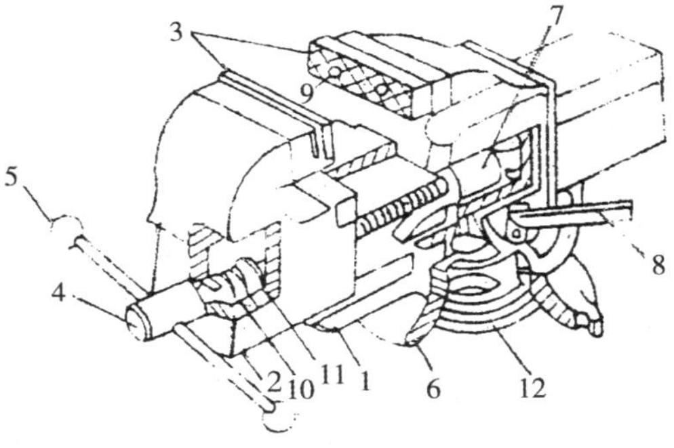

图2－1　回转式台虎钳

回转式台虎钳由固定钳身1、活动钳身2、转盘底6和夹紧盘12等组成，且均由铸铁制成。转盘座用三个螺栓固定在钳台上。固定钳身可在转盘座上绕轴心转动，扳动手柄8使其夹紧螺钉旋紧，即可以在夹紧盘的作用下把固定钳身紧固在所需位置上。螺母7和固定钳身相互固定，活动钳身中穿入丝杠4并与螺母相配合。摇动手柄5使丝杠旋转，就可带动活动钳身移动，起到夹紧和放松工件的作用。为使活动钳身能及时平稳地退出，主要依靠固定在丝杠上的挡圈 11 和弹簧 10 来实现。在固定的活动钳身上各装有经过淬硬的钢质钳口 3，并用螺钉 9 固定。钳口表面上的斜网纹是防止夹住工件后产生滑动的。

2. 台虎钳的正确使用和维护方法

①台虎钳必须牢固地固定在钳台上，两个夹紧螺钉必须扳紧，保证钳身工作时不松动，以防损坏；

②在钳台上安装台虎钳时，应使固定钳口工作面处于钳台边缘之外，以便夹持长条形工件；

③在台虎钳上夹持工件时，只允许靠手的力量来扳动手柄，不允许借助长管扳动或用手锤敲击手柄，防止损坏螺母或丝杠；

④不能在活动钳身导轨的光滑面上敲击工件，以免降低它与固定钳身的配合性能；

⑤夹持精密工件时，一定要加用钳口衬板（铜板或铝板）；

⑥要经常清除滑动部分的切屑，螺杆和螺母及其他活动部分的表面要经常加油润滑，以防生锈。

三、砂轮机

砂轮机主要由机体、电动机和砂轮片等组成（图 2–2），用来刃磨钻头、錾子、刮刀等工具，或磨削工件的锐边、毛刺及氧化层等。

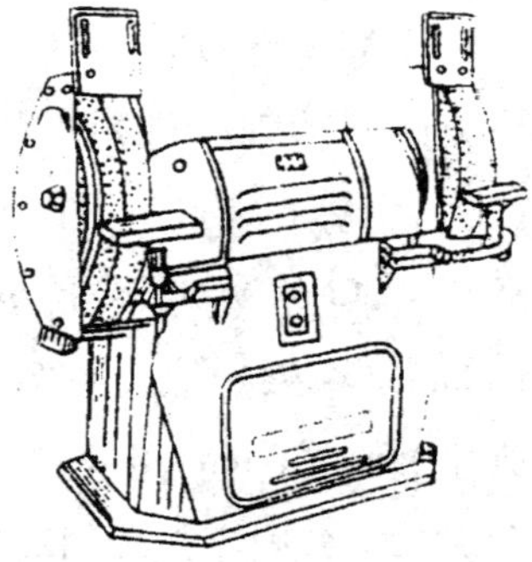
图 2－2　砂轮机

为了保证安全生产，严防事故发生，在使用砂轮机时要严格遵守安全操作规程。在工作中要注意下列几点：

1. 要按照砂轮机上箭头标示的方向，确定砂轮的旋转方向；

2. 砂轮机开动后，要等转速达到正常后方可进行磨削；

3. 砂轮表面跳动严重时，应及时修磨或更换；

4. 砂轮机的搁架与砂轮间的距离一般应保持在 3mm 以内，以防因间隙过大发生磨削工件被扎入，造成砂轮破裂飞出的事故；

5. 磨削时，刀具或工件对砂轮不要施加过大的压力或剧烈的撞击；

6. 磨削者应站在砂轮的斜侧面，不要正对砂轮站立。

四、钻床

钻床主要用于对各种材料和工件进行钻孔加工，常用的有手电钻、台式钻床、立式钻床和摇臂钻床等。

复习题

1. 虎钳有哪两种类型？根据钳台的宽度可分为哪几种？
2. 试述台虎钳的正确使用和维护方法。
3. 使用砂轮机时应注意哪些问题？
4. 钻床有哪些类型？

第三章 钳工常用量具

第一节 测量概述

一、量具的类型

为了确保零件和产品的质量，必须用量具对其进行测量。用来测量、检验零件及产品尺寸和形状的工具叫作量具。量具的种类很多，根据其用途和特点，可分为三类：

1. 万能量具。这类量具一般都有刻度，在测量范围内可以测量零件和产品的形状及尺寸的具体数值，如游标卡尺、千分尺、百分表和万能量角器等。

2. 专用量具。这类量具不能测量出实际尺寸，只能测定零件和产品的形状及尺寸是否合格，如卡规、塞规等。

3. 标准量具。这类量具只能制成某一固定尺寸，通常用来校对和调整其他量具，也可以作为标准与被测量件进行比较，如量块。

二、长度单位基准

测量的实质是被测量的参数与标准量进行比较的过程，长度尺寸的测量就是遵循此原理，因此，必须有一个精密准确的基标，即长度单位基准。

现在国际上把光在真空中传播 1/299792458 秒所经过的行程作为度量长度的标准，称为米。国际长度标准采用 86 氪光波自然基准器确定，它的性能稳定，测量精度可达 0.001 μm，不怕损坏，只要有氪的同位素 86 氪，各国都可复制应用。

根据 GB 3100~3102–1993 规定，我国的法定计量单位包括：国际单位制的基本单位；国际单位制的辅助单位；国际单位制中具有专门名称的导出单位；国家选定的非国际单位制单位；由以上单位构成的组合形式的单位；由词头和以上单位所构成的十进倍数和分数单位。

目前我国法定的长度单位名称和代号见表 3–1。

表 3–1　长度计量单位

单位名称	符号	对基准单位的比
米	m	基准单位
分米	dm	10^{-1}m（0.1m）
厘米	cm	10^{-2}m（0.01m）
毫米	mm	10^{-3}m（0.001m）
丝米	dmm	10^{-4}m（0.0001m）
忽米	cmm	10^{-5}m（0.00001m）
微米	μm	10^{-6}m（0.000001m）

注：丝米、忽米不是法定计量单位，工厂里有时采用。

在实际工作中，有时还会遇到英制尺寸，常用的有 ft（英尺）、in（英寸）等，其换算关系为 1ft=12in。

英制尺寸常以英寸为单位。

为了工作方便，可将英制尺寸换算成米制尺寸。因为 1in=25.4mm，所以把英寸乘以 25.4mm 就可以了。如把 5/16in 换算成米制尺寸：25.4mm × 5/16 ≈ 7.938mm。

第二节　钢尺、角尺和卡钳

一、钢尺

钢尺是钳工最常用的量具之一，一般由不锈钢制成。常用的钢尺有钢板尺（直尺）、钢卷尺和钢折尺。

钢板尺按其长度有 150mm、300mm、500mm、600mm 和 1000mm 几种。

常用的钢卷尺有1m和2m两种。其他规格还有5m、10m、20m、50m等。

钢直尺是划线时导向和量取尺寸的工具。直接用钢直尺量取工件长度时，最好不使用前端，应从第二格（即2cm）开始，但读数时应该减去前端留出的格数。测量方形工件时，应使钢尺与工件的一边垂直，与另一边平行。用钢尺测量工件尺寸时，由于钢尺刻度不均匀、放位不对或观察视线歪斜等原因，容易产生误差。

二、角尺（弯尺）

角尺是钳工常用的测量工具，由中碳钢经过精确地锉削、刮研制成。角尺有整体角尺和组合角尺两种（图3–1）。无论哪种角尺，均由尺苗（长边）和尺座（短边）两部分组成。角尺的两直角边之间要求具有较精确的90°角。

在划线时，常用角尺作划平行线或垂直线的导向工具，也可用来判断工件相邻两面是否垂直。

角尺的使用注意事项如下：

1. 使用角尺前，要检查角尺各边、面有无碰伤、毛刺或变形；
2. 角尺在平台上不允许倒放，碰倒后应立即扶起检查有无损伤；
3. 使用角尺时必须在180°内反复校对；
4. 角尺在使用中和使用后必须注意维护保养，防止摔碰变形和锈蚀。

三、卡钳

卡钳由碳素工具钢制成，是一种间接量具，其所测量的尺寸，必须在带刻度的量具上度量后，才能读出数据；或先在量具上量出一定尺寸后，再去度量工件。

卡钳有内卡钳和外卡钳两种（图3–2）。内卡钳用于测量工件内径、凹槽等；外卡钳用于测量工件外径和外平行面等。

卡钳的使用是靠手指的触感来测得正确尺寸的。测量时，先把两卡脚掰到与工件尺寸接近后，再轻轻敲击卡脚的内侧或外侧，以调整到所需要的尺寸。调整时，不得敲击工件表面和卡脚尖，以防损伤卡脚尖而影响测量准确性。

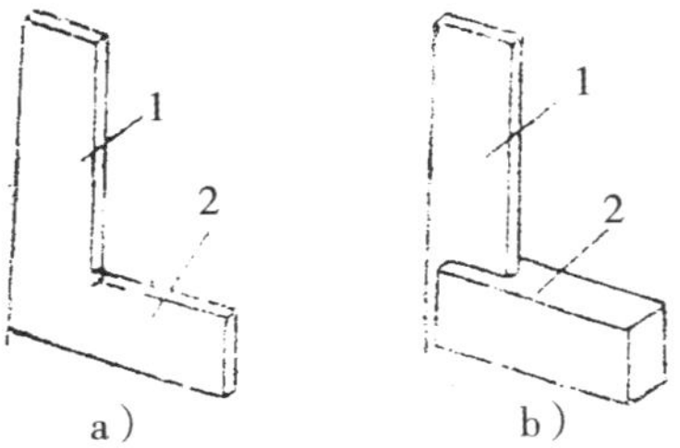

1- 尺苗；2- 尺座

图 3－1　角尺

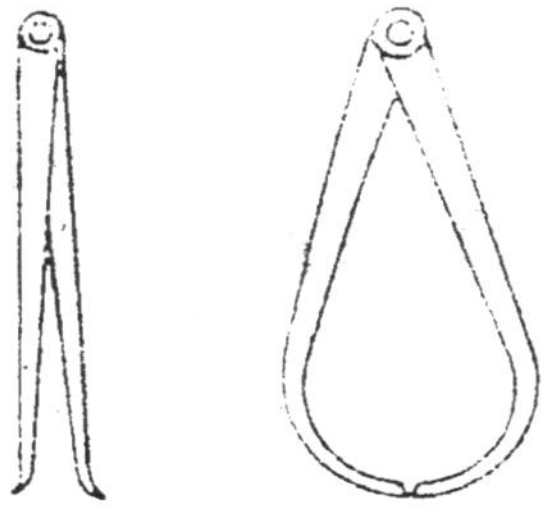

a）内卡钳　　b）外卡钳

图 3－2　卡钳

测量外部尺寸时，用中指挑着股部叉处，用拇指和食指支撑卡钳，使调好尺寸的卡钳不受外力，利用自身重量垂直向下，当卡脚滑过工件表面，手指有摩擦感时即可。测量内部尺寸时，将内卡钳插入孔内，一卡脚靠在工件表面，另一卡脚做前后左右摆动，经调整使两卡脚贴合内表面，松紧适宜且手指有轻微摩擦感时为止（图 3–3）。

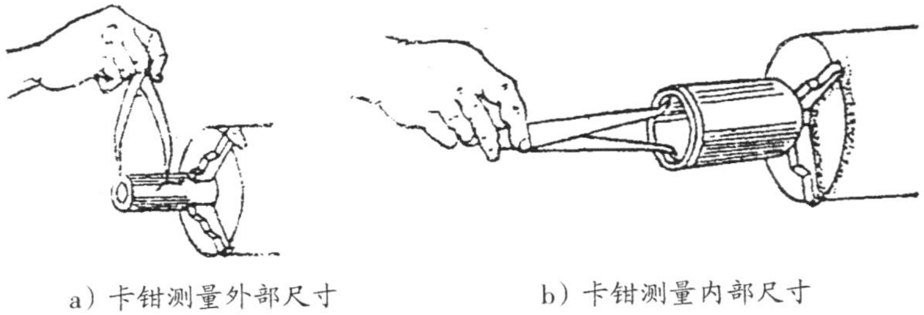

a）卡钳测量外部尺寸　　b）卡钳测量内部尺寸

图 3－3　内外卡钳的使用

第三节　游标卡尺

游标卡尺是一种中等精度的量具，可以直接测量出工件的外径、孔径、长度、宽度、深度和孔距等尺寸。

一、游标卡尺的结构

图 3–4 是两种常用游标卡尺的结构形式。

如图 3–4a 所示，游标卡尺由尺身 1 和游标 2 组成，3 是辅助游标。松开螺钉 4 和 5 即可推动游标在尺身上移动，通过两个量爪 9 测量尺寸。需要微动调节时，可将螺钉 5 紧固，松开螺钉 4，转动微动螺母 6，通过小螺杆 7 使游标微动。量得尺寸后，可拧紧螺钉 4 使游标紧固。

游标卡尺上端有两个量爪 8，可用来测量齿轮公法线长度和孔距尺寸。下端量爪 9 的内侧面可测量外径和长度；外侧面是圆弧面，可测量内孔或沟槽。

图 3–4b 所示的游标卡尺比较简单轻巧，上端两爪可测量孔径、孔距及槽宽，下端两量爪可测量外圆和长度等，还可用尺身尾端的测深杆测量内孔和沟槽深度。

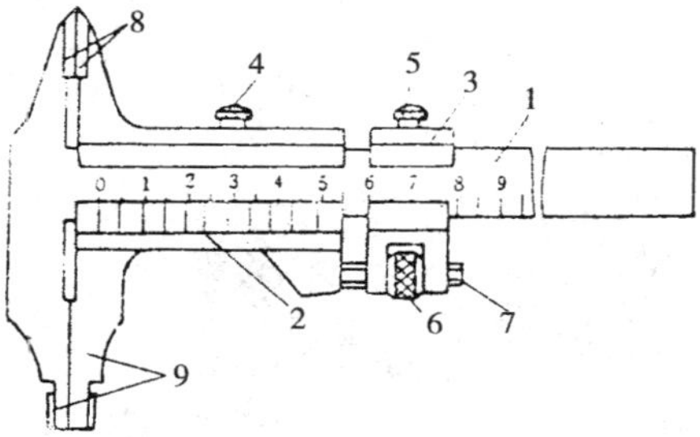

a）可微动调节的游标卡尺

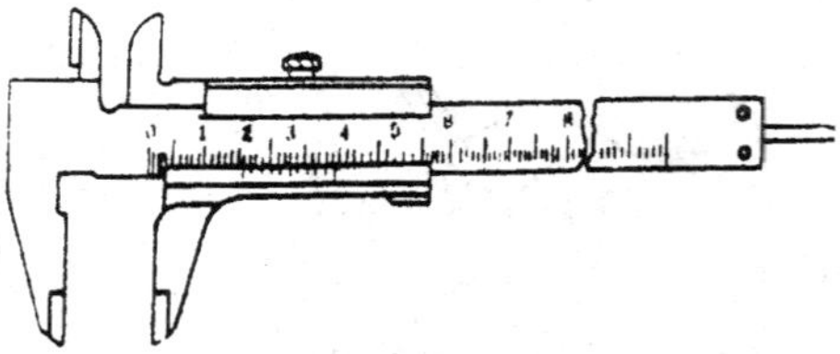

b）带测深杆的游标卡尺

图 3–4 游标卡尺

二、游标卡尺的刻线原理和读数方法

游标卡尺按其测量精度，有 1/20mm（0.05mm）和 1/50mm（0.02mm）两种。

1. 1/20mm 游标卡尺

尺身上每小格是 1mm，当两量爪合并时，游标上的 20 格刚好与尺身上的 19mm 对正（图 3–5）。因此，尺身与游标每格之差为：1–19/20=0.05（mm），此差值即为 1/20mm 游标卡尺的测量精度。

还有一种 1/20mm 游标卡尺，是游标上的 20 格刚好与尺身上的 39mm 对正，尺身与游标每格之差也是 0.05mm。这种放大刻度的游标卡尺，线条清晰，容易读取数值。

用游标卡尺测量工件时，读数分三个步骤（图 3–6）：

（1）读出游标上零线左侧尺身的整数毫米；

（2）读出游标上哪一条刻线与尺身刻线对齐（第一条零线不算，第二条线算起每格为 0.05mm）；

（3）把尺身和游标上的尺寸加起来即为测得尺寸。

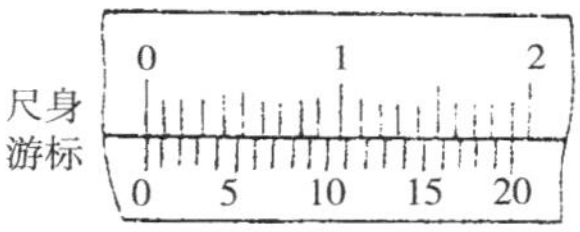

图 3 – 5 1/20mm 游标卡尺刻线原理

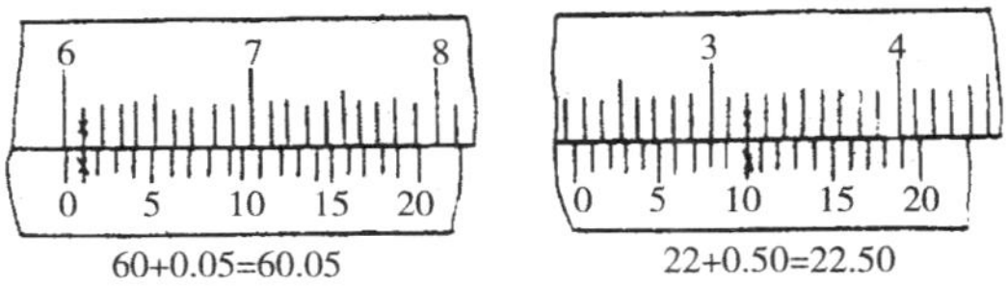

图 3 – 6 1/20mm 游标卡尺的读数方法

2.1/50mm 游标卡尺

尺身上每小格为 1mm，当两量爪合并时，游标上的 50 格刚好与尺身上的 49mm 对正（图 3–7）。尺身与游标每格之差为：1–49/50=0.02（mm），此差值即为 1/50mm 游标卡尺的测量精度。

1/50mm 游标卡尺测量时的读数方法与 1/20mm 游标卡尺相同（图 3–8）。

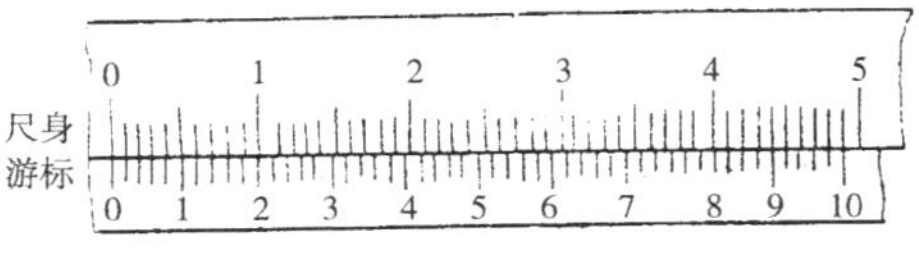

图 3 – 7 1/50mm 游标卡尺刻线原理

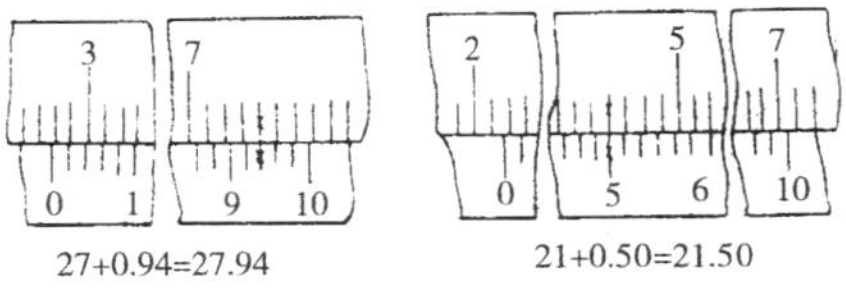

图 3 – 8 1/50mm 游标卡尺的读数方法

三、游标卡尺的测量范围和精度

游标卡尺的规格按测量范围分为 0~125mm、0~200mm、0~300mm、0~500mm、300mm~800mm、400mm~1000mm、600mm~1500mm、800mm~2000mm 等。

测量工件尺寸时，应按工件的尺寸大小和尺寸精度要求选用量具。游标卡尺只适用于中等精度（IT10~IT16）尺寸的测量和检验。不能用游标卡尺去测量铸锻件等毛坯的尺寸，因为这样容易使量具很快磨损而失去精度；也不能用游标卡尺去测量精度要求高的工件，因为游标卡尺存在一定的示值误差。由表 3–2 可知，1/50mm 游标卡尺的示值误差为 ±0.02mm，因此不能测量精度较高的工件尺寸。

表 3–2 长度计量单位

测量精度（mm）	示值总误差（mm）
0.02	±0.02
0.05	±0.05

如果条件有限，只能用游标卡尺测量精度要求高的工件时，就必须先用量块校对卡尺，了解误差数值，在测量时要把误差考虑进去。

除了图 3–4 所示的普通游标卡尺外，还有深度游标卡尺、高度游标卡尺和齿轮游标卡尺等，其刻线原理和读数方法与普通游标卡尺相同。

四、使用方法

使用前，首先校对尺身和游标的零线是否对齐，用透光法来检查两量爪测量面的贴合情况，如透光不均，说明量爪量面已磨损，这样的卡尺不可继续使用。

用游标卡尺测量外径时，左手拿住量爪，右手拿住尺身（图 3–9），先将量爪开得比工件尺寸略大一点，固定量爪紧贴工件表面，右手推动游标，使游标上的量爪与工件表面接触后读出工件尺寸。

用游标卡尺测量内径和沟槽时，应使两量爪小于待测量的尺寸，将量爪插入孔或槽内，轻轻拉开游标，使其两量爪紧贴工件表面后读出工件尺寸（图 3–10）。

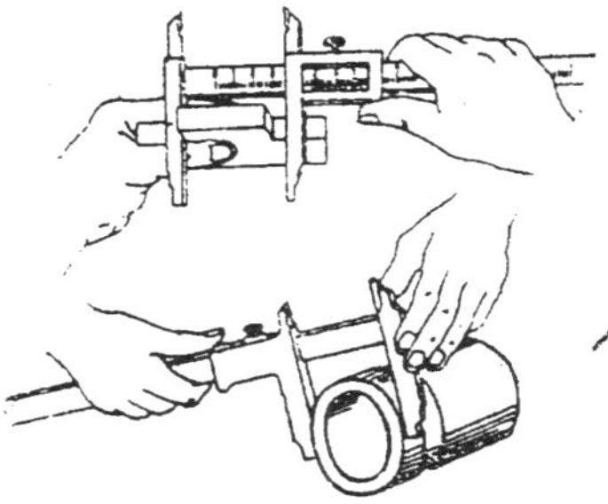

图 3－9 用游标卡尺测量外径

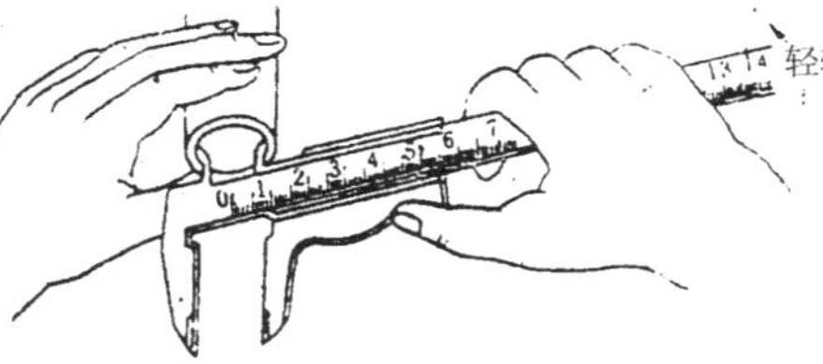

图 3－10 用游标卡尺测量内径

第四节　千分尺

千分尺是一种精密量具，它的测量精度比游标卡尺高，而且更灵敏。因此，对于测量精度要求较高的工件尺寸，要用千分尺来测量。

一、外径千分尺的结构

外径千分尺的结构如图 3–11 所示。图中 1 是尺架，尺架的左端有砧座（3），右端是表面有刻线的固定套管（2），里面是带有内螺纹（螺距 0.5mm）的衬套（7），测微螺杆（6）右面的螺纹可沿此内螺纹回转，并用轴套（4）定心。在固定套管（2）的外面是有刻线的微分筒（9），它用锥孔与测微螺杆（6）右端锥体相连。转动手柄（5），通过偏心锁锁紧可使测微螺杆（6）固定不动。松开罩壳（10），可使测微螺杆（6）与微分筒（9）分离，以便调整零线位置。棘轮（13）用螺钉（8）与罩壳（10）连接，转动棘轮盘（13），测微螺杆（6）就会移动。当测微螺杆（6）的左端面接触到工件时，棘轮（13）在棘爪销（12）的斜面上打滑，测微螺杆（6）就停止前进。由于弹簧（11）的作用，使棘轮盘（13）在棘爪销斜面滑动时发生“嗒嗒”声。如果棘轮盘（13）反方向转动，则拨动棘爪销（12）、微分筒（9）转动，使测微螺杆（6）向右移动。

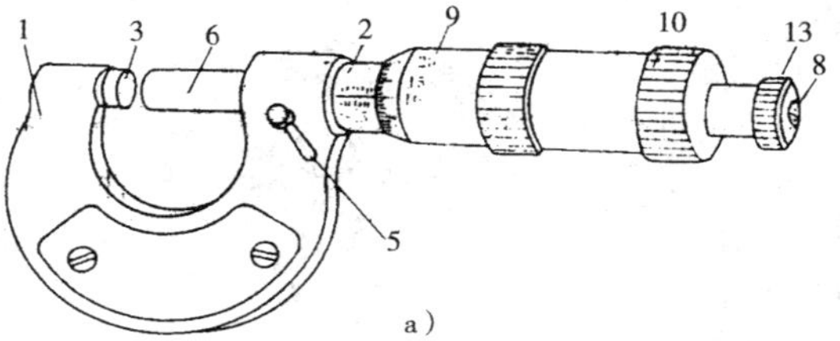

a）

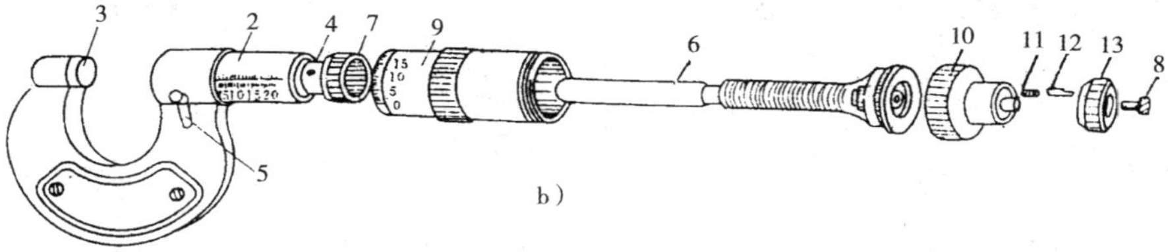

b）

图 3－11　外径千分尺的结构

二、外径千分尺的刻线原理及读数方法

测微螺杆（6）右端螺纹的螺距为 0.5mm，当微分筒转一周时，测微螺杆（6）就移动 0.5mm。微分筒（9）面上共刻有 50 格，因此，微分筒每转一格，测微螺杆（6）就移动 0.5 ÷ 50=0.01（mm）。

固定套管上刻有主尺刻线，每格 0.5mm。

在千分尺上读数的步骤可分为三步：

1. 读出微分筒左边缘在固定套管主尺的整毫米数和半毫米数。

2. 看微分筒上第几条刻线与固定套管上的基准线对齐，微分筒的刻线读数乘以千分尺精度，即为微分筒上的小数读数。

3. 把两个读数加起来就是测得的实际尺寸。

图 3–12 所示为外径千分尺的读数方法。

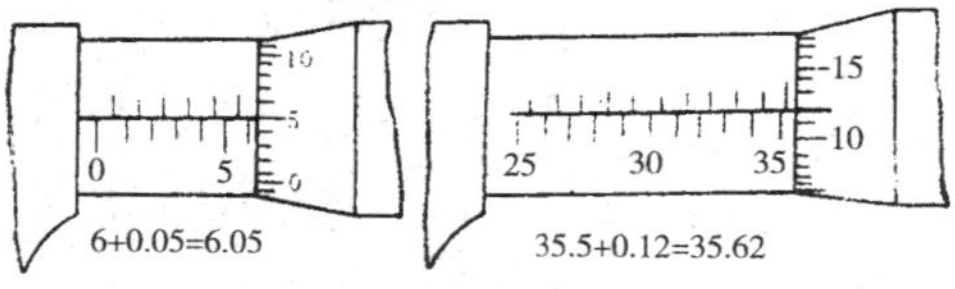

图 3－12　外径千分尺的读数方法

三、外径千分尺的测量范围和精度

外径千分尺的规格按测量范围分为 0~25mm、25mm~50mm、50mm~75mm、75mm~100mm、100mm~125mm 等。测量时按被测工件的尺寸选用。

千分尺的制造精度分为 0 级和 1 级两种，0 级精度最高，1 级稍差。千分尺的制造精度主要由它的示值误差和两测量面平行度误差的大小来决定。

四、内径千分尺

内径千分尺用来测量内径及槽宽，其外形如图 3–13 所示。内径千分尺的刻线方向与外径千分尺的刻线方向相反，测量范围有 5mm~30mm 和 25mm~50mm 两种，其读数方法和测量精度与外径千分尺相同。

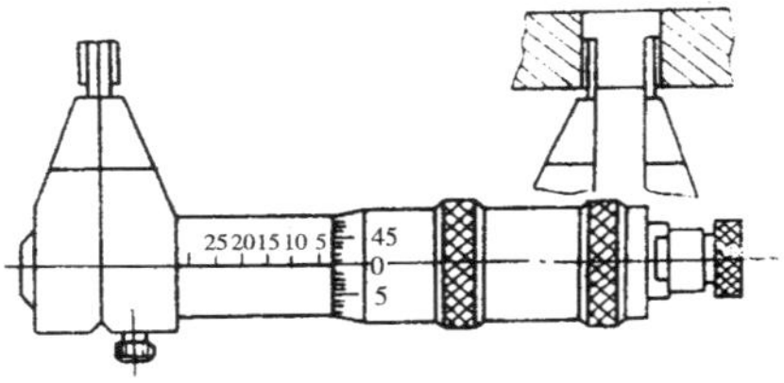

图 3 – 13 内径千分尺

五、其他千分尺

除了外径千分尺和内径千分尺外，还有深度千分尺、螺纹千分尺（用于测量螺纹中径）和公法线千分尺（用于测量齿轮公法线长度）等，其刻线原理和读数方法与外径千分尺相同。

六、使用方法

1. 准备工作

使用前，要先把试验棒置于砧座和测微螺杆之间（0~25mm 规格的千分尺不用试验棒），检查固定套管和微分筒的零线是否重合，微分筒的轴向位置是否正确。如微分筒端头边线将固定套管的零线盖住或离线太远（即零线和基线不重合），则必须调整。调整方法是：松开螺母的小固定螺钉，用专用扳手（仪器自带）扭动固定管套进行调整，调到两线重合后，再拧紧小固定螺钉，即可使用。如图 3–14 所示。

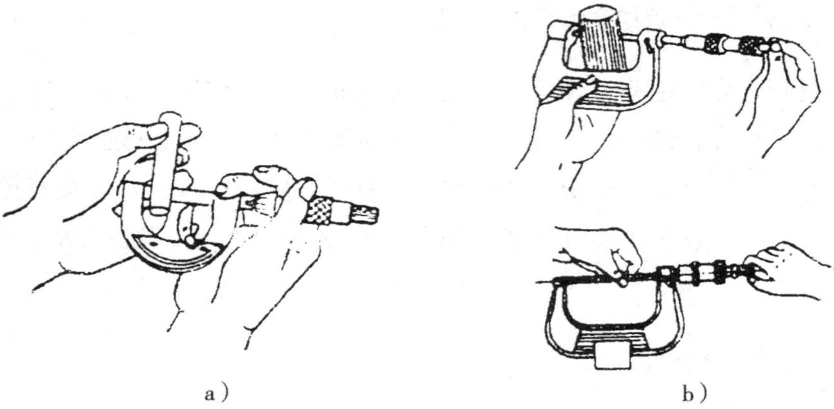

图 3－14　外径千分尺的使用方法

2. 使用方法

测量时，千分尺要放正，只允许轻微地摆动千分尺或被测工件，以保证工件表面和测量面接触良好。

先转动测微螺杆，等测量面接近工件表面时，再旋转棘轮，直至棘轮发出“嗒嗒”声为止。如果条件受限，不便查看尺寸，也可关闭手柄后，取下千分尺读数。

第五节　百分表

百分表可用来检验机床精度、测量工件尺寸及形状和位置误差。

一、百分表的结构

百分表结构如图 3–15 所示。图中 1 是淬硬的触头，用螺纹旋入齿杆（2）的下端。齿杆的上端有齿，当齿杆上升时，带动齿数为 16 的小齿轮（3）。与小齿轮（3）同轴装有齿数为 100 的大齿轮（4），再由这个齿轮带动中间的齿数为 10 的小齿轮（5）。与齿数为 10 的小齿轮（5）同轴装有长指针（6），因此长指针随小齿轮（5）一起转动。在小齿轮（5）的另一边装有大齿轮（7），在其轴下端装有游丝，用来消除齿轮间隙，以保证其精度。该轴的上端装有短指针（8），用来记录长指针的转数（长指针转一周时短指针转一格）。拉簧（11）的作用是使齿杆（2）能回到原位。在表盘（9）上刻有线条，共 100 格。转动表圈（10），可调整表盘刻线与长指针的相对位置。

二、百分表的刻线原理

百分表内的齿杆和齿轮的周节是 0.625mm。齿杆上升 16 齿，即上升 $0.625\times16=10$（mm），16 齿小齿轮转一周，同时齿数为 100 的大齿轮也转一周，就带动齿数为 10 的小齿轮和长指针转 10 周，即齿杆移动 1mm 时，长指针转一周。由于表盘上共刻有 100 格，所以长指针每转一格表示齿杆移动 0.01mm。

三、内径百分表

内径百分表可用来测量孔径和孔的形状误差,对于测量孔深极为方便。

内径百分表的结构如图 3–16 所示。在测量头端部有可换触头（1）和量杆（2）。测量内孔时，孔壁使量杆（2）向左移动而推动摆块（3），摆块使杆（4）向上移动，推动百分表触头（6），使百分表指针转动而指示数值。测量完毕时，在弹簧（5）的作用下，量杆回到原位。

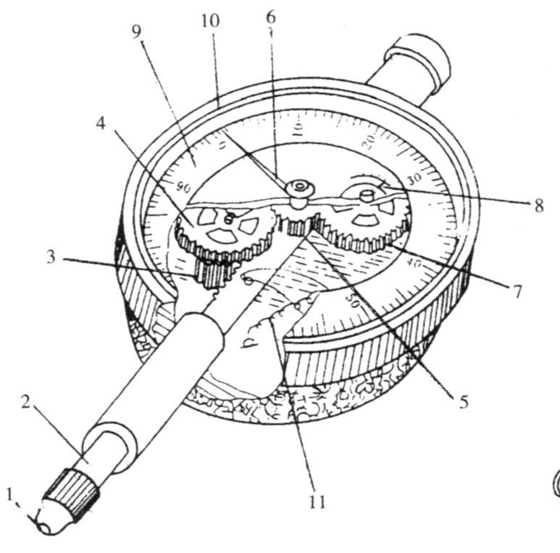

图 3－15　百分表的结构

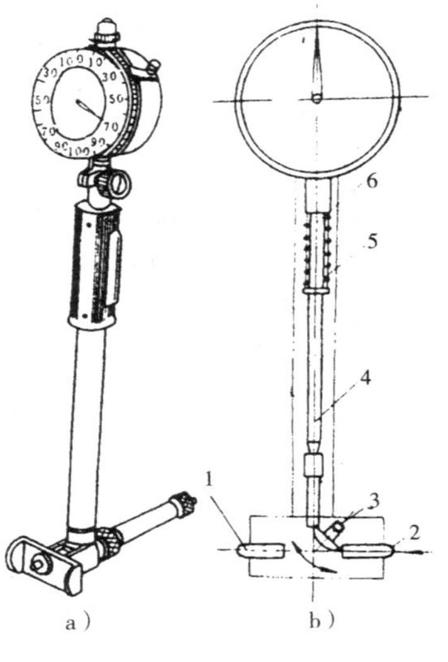

图 3－16　内径百分表

通过更换触头（1），可改变内径百分表的测量范围。内径百分表的测量范围有 6mm~10mm、10mm~18mm、18mm~35mm、35mm~50mm、50mm~100mm、100mm~160mm、160mm~250mm 等。

内径百分表的示值误差较大，一般为 ±0.015mm。

四、内径百分表的使用方法

1. 清洁器材和校验量具，用棉纱将待测零件和量具擦抹干净，并校验外径千分尺和百分表。

2. 组装内径百分表

（1）选取与被测零件尺寸相对应的固定测杆，带上固定螺母，旋入表杆的下端。

（2）将百分表装入表杆上端，使百分表垂直或平行于活动测杆一方，便于测量时读数。

（3）紧固百分表。

3. 校尺寸

（1）将外径千分尺固定在支架上，调至被测零件的标准尺寸。

（2）将内径百分表的测杆置于千分尺的砧座与测微螺杆之间，调整固定测杆，使百分表小针压至 2mm 整数，旋紧固定螺母，转动表盘，使刻度盘上的“0”对准大指针。此时测杆的长度即为被测零件的标准尺寸。

测量时，若小针恰好指在 2mm 整数，而大指针又正好指向刻度盘上的“0”，说明被测零件尺寸与标准尺寸相等；若大指针顺时针离开“0”时，说明尺寸小于标准尺寸；反之，若大指针逆时针离开“0”时，说明尺寸大于标准尺寸。大、小数值即大指针偏离“0”的数字，每一小格为 0.01mm。

第六节 塞尺和高度游标卡尺

一、塞尺

塞尺又叫厚薄规，是由一些不同厚度的薄钢片组成的测量工具（图3-17），每片上都标有厚度数字，在设备的安装和检修中，常用于测量结合面的间隙。

塞尺的长度规格有50mm、100mm和200mm三种，其厚度是0.03mm ~ 0.1mm，中间每片间隔为0.01mm；如果厚度在0.1mm ~ 1mm之间，每片间隔为0.05mm。

使用时，根据零件间隙大小先用较薄的试塞，逐步加厚，或组合数片（一般不超过三片）重叠塞入间隙内，以钢片在间隙内既能活动，又使钢片两面稍有轻微的摩擦为宜。例如，测量时，用0.06mm厚度的钢片塞入间隙，活动量较大；而0.09mm的钢片又塞不进去，则间隙就在0.07mm ~ 0.08mm之间。所以，塞尺也是一种极限尺。

由于塞尺很薄，容易生锈，使用时应细心，不允许硬插，以免弯曲或折断。用完后要马上擦干净，妥善保管好。

二、高度游标卡尺

高度游标卡尺的刻线原理、读数方法、测量精度与游标卡尺相同。主要用于在平台上测量零件的高度和划线。它由基座（1）、主尺（2）、游标（4）、微动装置（5、6、8、9）、划线爪（13）、测量爪（7）和制动螺钉（3）等组成。主尺与基座紧固地连在一起，基座下面为工作平面，副尺可沿主尺上、下移动，测量爪或划线爪可用框架（12）和螺钉（11）固定在副尺上，如图3-18所示。微动装置的使用和游标卡尺一样。

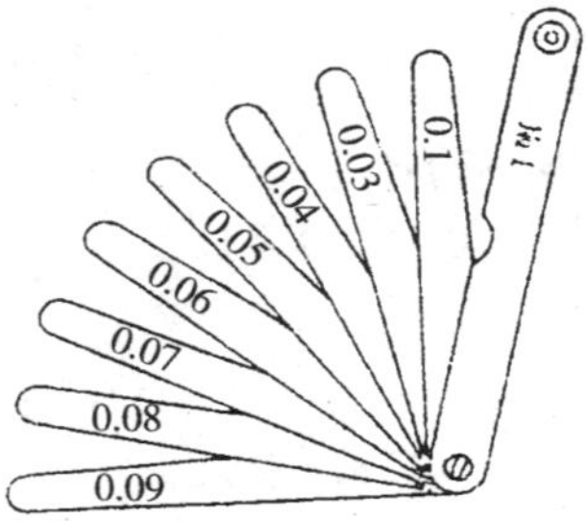

图 3－17　塞尺

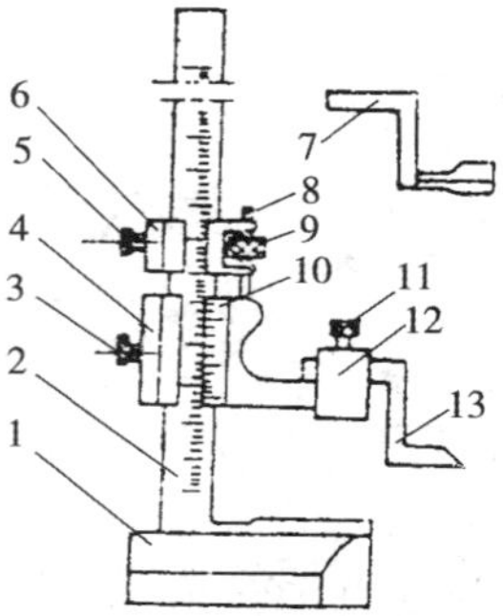

1- 基座；2- 主尺；3- 制动螺钉；4- 游框；5- 微动游框紧固螺钉；6- 微动游框；7- 量爪；8- 螺钉；9- 微动螺母；10- 游标；11- 锁紧螺钉；12- 框架；13- 划线量爪

图 3－18　高度游标卡尺

第七节　量具的维护和保养

为了保持量具的精度，延长其使用寿命，必须十分注意对量具的维护保养。为此，应做到以下几点：

1. 测量前应将量具的测量面和工件被测量面擦净，以免脏物影响测量精度和加快量具磨损。

2. 量具在使用过程中，不要和工具、刀具放在一起，以免相互磕碰。

3. 机床开动时，不要用量具测量工件，否则会加快量具磨损，而且容易发生事故。

4. 温度对量具的精度影响很大，因此，量具不应放在热源（电炉、暖气片等）附近，避免受热变形。

5. 量具用完后，应及时擦净、涂油，放在专用盒中，保存在干燥处，以免生锈。

6. 精密量具应实施定期检定和保养，发现精密量具有不正常现象时，要及时送交计量室检修。

复习题

1. 将下列尺寸用 mm 表示。

16.8cm　　82cm　　600cm

2. 将下列英制尺寸换算为 mm：

3/4in　　11/16in

3. 试述 1/20mm、1/50mm 游标卡尺的刻线原理。
4. 根据下列尺寸画出游标卡尺的示意图：17.35mm、21.24mm。
5. 根据下列尺寸画出千分尺的示意图：27.99mm、21.03mm。
6. 试述千分尺的刻线原理。
7. 试述百分表的刻线原理。
8. 试述内径百分表的使用方法。
9. 使用塞尺时应注意哪些问题？
10. 如何对量具进行维护保养？

第四章　划线

第一节　划线概述

划线是指在毛坯或工件上，用划线工具划出待加工部位的轮廓线或作为基准的点、线。划线分平面划线和立体划线两种。

一、平面划线

只需要在工件的一个表面上划线后即能明确表示加工界线的，称为平面划线（图 4–1）。如在板料、条料表面上划线，在法兰盘端面上划钻孔加工线等都属于平面划线。

二、立体划线

在工件上几个互成不同角度（通常是互相垂直）的表面上划线，才能明确表示加工界线的，称为立体划线（图 4–2）。如划出矩形块各表面的加工线以及支架、箱体等表面的加工线都属于立体划线。

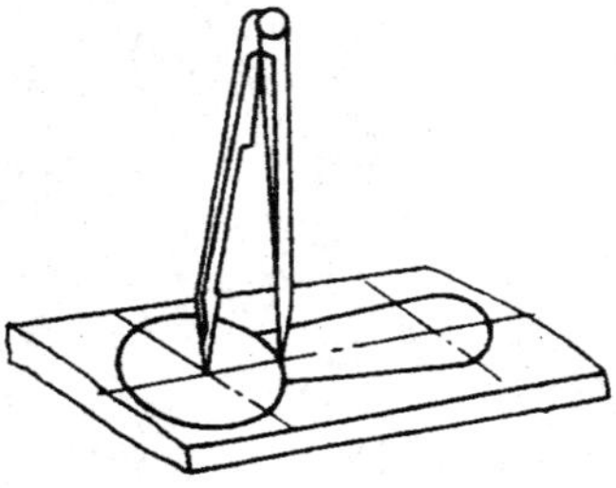

图 4 – 1　平面划线

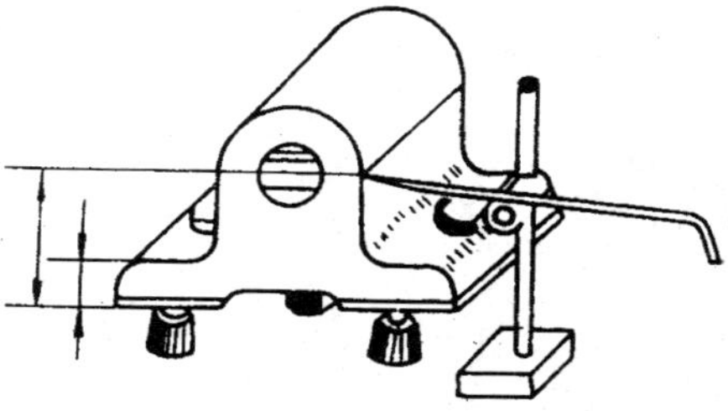

图 4 – 2　立体划线

三、划线的作用

划线工作不仅在毛坯表面上进行，也经常在已加工过的表面上进行，如在加工后的平面上划出钻孔的加工线。划线的作用如下所述：

1. 确定工件的加工余量，使机械加工有明确的尺寸界线；

2. 便于复杂工件在机床上安装，可以按划线找准定位；

3. 能够及时发现和处理不合格的毛坯，避免加工后造成损失；

4. 采用借料划线可以使误差不大的毛坯得到补救，使加工后的零件仍能符合要求。

划线是机械加工的重要工序之一，广泛应用于单件生产和小批量生产，是钳工应该掌握的一项重要操作技能。

四、划线的要求

除要求划出的线条清晰均匀外，最重要的是保证尺寸准确。在立体划线中还应注意使长、宽、高三个方向的线条互相垂直。若划线发生错误或准确度较低时，有可能导致工件报废。由于划出的线条总有一定的宽度，以及在使用划线工具和测量尺寸时难免产生误差，所以不可能绝对准确。一般的划线精度能达到 0.25mm ~ 0.5mm，因此，通常不能依靠划线直接确定加工时的最后尺寸，而必须在加工过程中，通过反复测量来保证尺寸的准确度。

第二节　划线工具和准备工作

一、划线工具

1. 直接划线工具

（1）划针

划针是用直径 3mm ~ 5mm，长度 250mm ~ 300mm 的弹簧钢或碳素工具钢直接刃磨后经淬火制成。划针有直头和弯头两种，在直头划针划不到的地方，可以用弯头划针划线（图 4–3）。

使用划针时，划针应有一定的倾斜角度，朝划线方向倾斜 45°～75°，向钢尺外侧倾斜 15°～25°。

（2）划规（圆规）

划规是由工具钢锻造加工制成的，两尖脚经过淬火硬化。划规的用途是划圆、划圆弧、做角度、测量两点间的距离及量取尺寸等。

常用的划规有合脚式、滑标式和弹簧式三种（图 4–4）。

使用划规时的要求：

①划规两脚的长度相等，脚尖合拢时要靠紧；

②两脚开合松紧要适当，以免划线时自动开缩；

③划规尖要锐利，保证画出的线条清楚，操作时要以一脚为中心并施加适当的力，以免滑位；

④用划规在钢尺上量取尺寸时，必须测量准确，并要反复检查校对以减小误差。

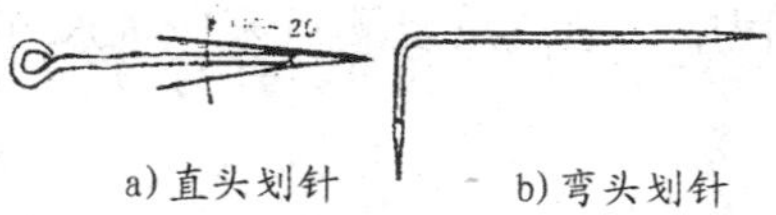

a) 直头划针　b) 弯头划针

图 4－3　划针

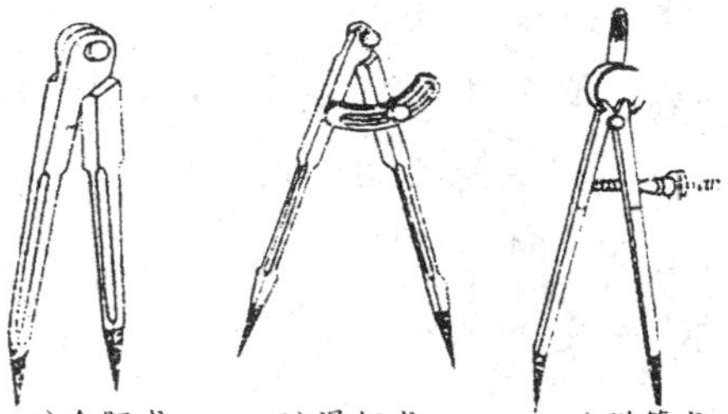

a) 合脚式　b) 滑标式　c) 弹簧式

图 4－4　划规

（3）划线盘

划线盘可分为普通式（图 4–5a）和可调式（图 4–5b）两种。

划线盘是用来校正工件与基准面平行和进行立体划线的常用工具，由底座、支杆、划针和紧固装置等组成。划针的尖端用于划线，另一端弯头用于检查工件的平面和车工找正。

划线盘的操作方法及注意事项如下所述：

①立体划线时，最好选用普通划线盘，因为其钢性强，划出的线条清晰；

②使用划线盘时，先松开紧固件，将划针调到适当的高度再拧紧，用小锤轻轻敲打划线，调整到需要的尺寸，然后移到工件上进行划线；

③使用微调划线盘时，将划针调到适当的高度，以正、反向旋拧调整螺钉的方法进行精确调整，它的两个紧固件都应用手拧紧，不能用锤敲打；

④划针必须有足够的硬度，并保持尖锐，不用时尖端应套上塑料管，以免伤人；

⑤划针与支杆必须紧固牢靠；

⑥划针伸出的长度应尽可能短；

⑦进行立体划线时，每划完一条线，应将划针移到划线起点，以校对划线是否有误；

⑧划线盘用完后，应将划针尖端朝下固定放好。

2. 辅助划线工具

（1）划线平台（图 4-6）

①构造：划线平台又称划线平板，用铸铁铸造后精加工而成，是安放工件和划线用的标准平板，规格从 200mm × 300mm × 35mm 到 1200mm × 1500mm × 300mm 不等，平台一般用木支架支撑，台面应保持水平。

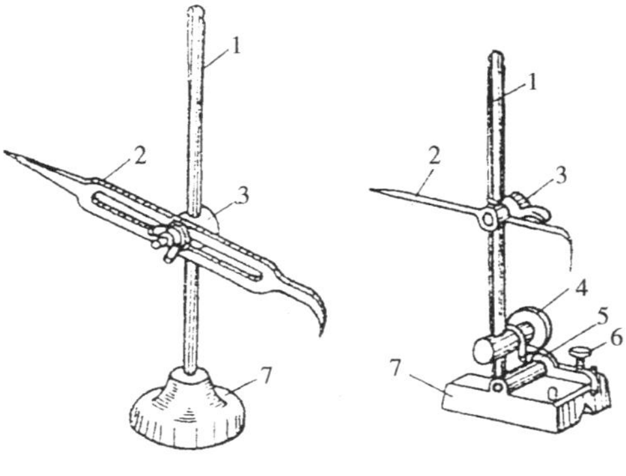

a）普通式　　b）可调式

1- 支杆；2- 划针；3- 划针夹头；4- 锁紧装置；
5- 跳动杠杆；6- 调整螺钉；7- 底座

图 4－5　划线盘

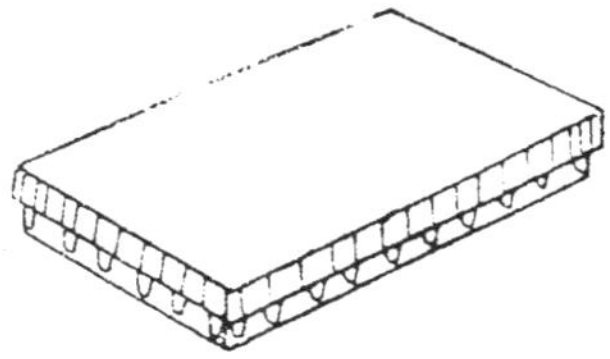

图 4－6　划线平台

②使用要求及保养方法：划线平台的平面是划线时工件的基准面，其表面粗糙度为 $\overset{6.3}{\checkmark}$ ~ $\overset{1.6}{\checkmark}$，且材质需要有一定的刚性和强度。使用划线平台时应做到以下几点：

第一，划线平台表面要时刻保持清洁，不能有铁屑和灰沙等污物，以免工作时划伤台面，影响划线精度。

第二，工作时工件和工具在划线平台上要轻拿轻放，以免碰伤台面。

第三，划线平台用完后应清扫干净，涂上防锈剂，并加盖保护罩。

第四，划线平台支架要牢固，高度应适宜（约 400mm ~ 600mm）。

③使用角尺时必须在 180° 内反复校对。

④使用中注意维护保养，防止摔碰、变形或锈蚀。

（2）方箱

方箱是由铸铁制成的空心立方体（图 4–7a），每一面均经过精密加工，各相邻面互相垂直，相对面互相平行。方箱上的 V 形槽和压紧装置用来夹持小型工件以便于划线。方箱能方便地翻转，便于在工件上划出垂直线。

（3）V 形铁

V 形铁由铸铁或碳钢制成，各相邻边互相垂直。V 形槽一般呈 90° 或 120°（图 4–7b），主要用于支撑轴类、套筒等圆形工件划线。

（4）垫铁

垫铁由铸铁或碳钢制成，用于支撑和垫平毛坯工件，可以进行微量调节以便于划线时找正。

（5）千斤顶

千斤顶由螺杆、螺母、底座和螺钉组成（图 4–8a），通常是三个一组，用于支撑形状不规则或带有较重伸出部分的工件，用于校验、找正及划线。

（6）直角铁（弯板）

直角铁由铸铁制成，其相互垂直的两个面是经刨削和研磨加工而成，表面粗糙度为 $\overset{8.3}{\checkmark}$ ~ $\overset{3.2}{\checkmark}$。直角铁上的长孔和槽用于搭放压板时固定工件穿螺钉（图 4–9a），利用压板将工件紧压在直角铁的垂直面上进行划线（图 4–9b）。

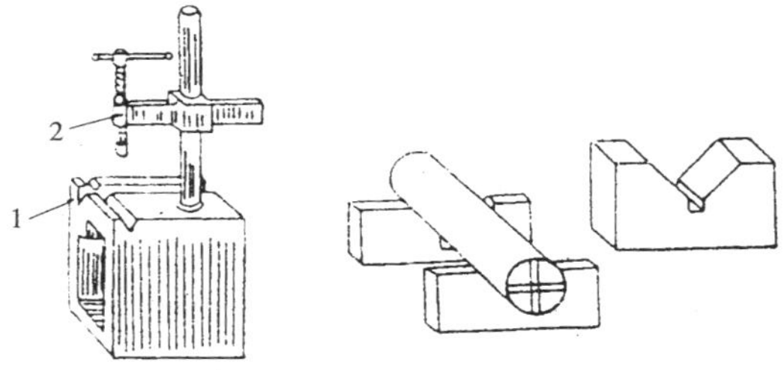

a) 方箱　　b) V形铁

1-方箱；2-压紧装置

图 4－7　方箱及 v 型铁

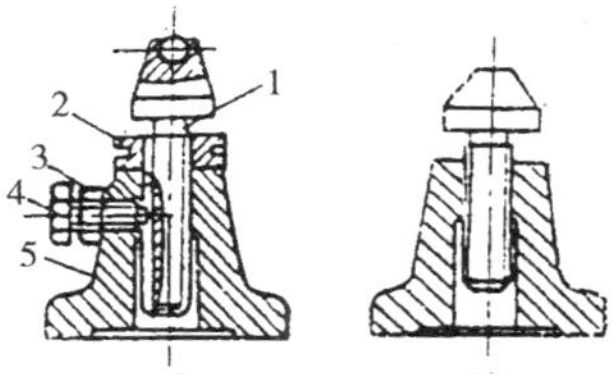

a)　　b)

1-螺杆；2-螺母；3-锁紧螺母；
4-六角螺母；5-底座

图 4－8　千斤顶

（7）样冲

样冲由工具钢或弹簧钢制成，尖端经淬火硬化，角度为 45°～60°（图 4–10）。为了便于看清和检查所划的线条，要在划好的线条上冲打出小而均匀的冲眼（图 4–18）。

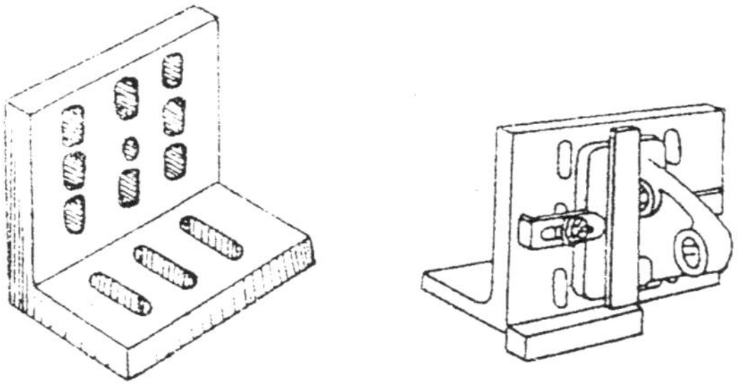

a）　　b）

图 4－9　直角铁及应用

图 4－10　样冲

钻孔时，先在孔的中心打上冲眼，便于钻孔时钻头对准中心。

除了上述划线工具外，钢尺、角尺等量具也是辅助划线工具，使用及注意事项参见第三章。

二、划线前的准备

为保证划线工作的顺利进行，必须做好以下准备工作。

1. 工具的准备

根据图纸要求和工件形状，合理地选择划线及检查所需要的各种工具。

2. 工件的清理

毛坯件上的氧化皮、毛刺、飞边、污垢、铸件上的型砂及浇注口等必须用钢丝刷或錾子等进行清理。

3. 工件的检查

对清理后的毛坯件要进行详细检查,看其是否符合图纸上的技术要求。对有砂眼、裂纹、偏位或尺寸不符合的毛坯应尽早挑出。

4. 工件的涂色

为使工件上划出的线条清晰,要在工件的划线部位涂上一层薄而均匀的涂料。常用的涂料有以下几种:

(1)白灰浆:石灰和水胶加水混合而成,适用于铸件或锻件毛坯。

(2)粉笔:适用于表面比较粗糙的工件或数量较少的工件。

(3)酒精色溶液:由颜料(红、紫、蓝、绿色)2%~4%、漆片3%~5%、酒精91%~95%混合而成。这种涂料适用于已加工的工件表面。

第三节 划线基准的选择

一、基准的概念

合理地选择划线基准是做好划线工作的关键。只有划线基准选得好,才能提高划线的质量和效率,提高工件的合格率。

虽然工件的结构和几何形状各不相同,但是任何工件的几何形状都是由点、线、面构成的。因此,不同工件的划线基准虽有差异,但都离不开点、线、面的范畴。

在零件图上用来确定其他点、线、面位置的基准,称为设计基准。

所谓划线基准,是指在划线时选择工件上的某个点、线、面作为依据,用它来确定工件的各部分尺寸、几何形状及工件上各要素的相对位置。

二、划线基准的选择

划线要从划线基准开始。在选择划线基准时，应先分析图纸，找出设计基准，使划线基准与设计基准尽量一致，这样能够直接量取划线尺寸，简化换算过程。

划线基准一般可根据以下三种类型进行选择：

1. 以两个互相垂直的平面（或线）为基准（图 4–11a）。从零件上互相垂直的两个方向的尺寸可以看出，每一方向的尺寸都是依照它们的外平面（在图纸上是一条线）来确定的。此时，这两个平面就分别是每一方向的划线基准。

2. 以两条中心线为基准（图 4–11b）。该件上两个方向的尺寸与其中心线具有对称性，并且其他尺寸也从中心线起始标注。此时，这两条中心线就分别是这两个方向的划线基准。

3. 以一个平面和一条中心线为基准（图 4–11c）。该工件上高度方向的尺寸是以底面为依据，此底面就是高度方向的划线基准。而宽度方向的尺寸对称于中心线，所以中心线就是宽度方向的划线基准。

划线时在零件的每一个方向都需要选择一个基准，因此，平面划线时一般要选择两个划线基准，而立体划线时一般要选择三个划线基准。

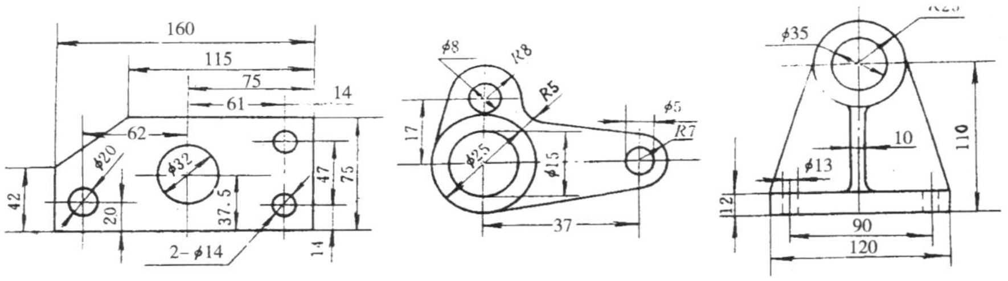

a)　　b)　　c)

a）以两个互相垂直的平面为基准；b）以两条中心线为基准
c）以一个平面和一条中心线为基准

图 4 – 11　划线基准类型

第四节　划线时的找正和借料

立体划线在很多情况下是对铸、锻毛坯划线。铸、锻毛坯件由于种种原因，易形成形状歪斜、偏心、各部分壁厚不均匀等缺陷。当形位误差不大时，可以通过划线找正和借料的方法来补救。

一、找正

对于毛坯工件，划线前一般要先做好找正工作。找正就是利用划线工具（如划线盘、角尺、单脚规等）使工件上相关的毛坯表面处于合适的位置。找正的目的如下：

1. 当毛坯上有不加工表面时，通过找正后再划线，可使加工表面与不加工表面之间保持尺寸均匀。图 4–12 所示的轴承架毛坯，内孔和外圆不同心，底面和上平面 *A* 不平行，划线前应找正。在划内孔加工线之前，应先以外圆为找正依据，用单脚规找出其中心，然后按求出的中心划出内孔的加工线，这样，内孔与外圆就可达到同心要求。在划轴承座底面之前，同样应以上平面（不加工表面 *A*）为依据，用划线盘找正成水平位置，然后划出底面加工线，这样，底座各处的厚度就比较均匀了。

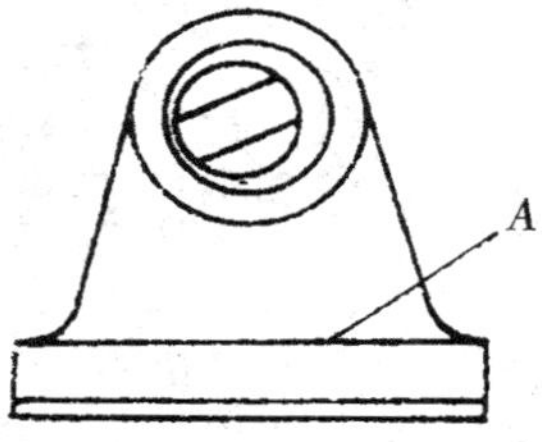

图 4 – 12　毛坯工件的找正

2. 当工件上有两个以上不加工表面时，应选择其中面积较大、较重要的或外观质量要求较高的不加工表面为主要找正依据，并兼顾其他较次要的不加工表面，使划线后的加工表面与不加工表面之间尺寸（如壁厚、凸台的高低等）尽量均匀和符合要求，而把无法弥补的误差反映到较次要的或不甚醒目的部位上去。

3. 当毛坯上没有不加工表面时，通过找正各加工表面自身位置后再划线，可使各加工表面的加工余量得到合理均匀的分布，而不致出现过于悬殊的状况。

由于毛坯各表面的误差和工件结构的形状不同，划线时要按工件的实际情况进行找正。

二、借料

铸、锻毛坯件在形状、尺寸和位置上的误差缺陷用找正划线方法不能补救时，就要用借料方法来解决。

借料就是通过试划和调整，使各个加工面的加工余量合理分配，互相借用，从而保证各个加工表面都有足够的加工余量，误差和缺陷可在加工后排除。

要做好借料划线，首先要知道待划毛坯的误差程度，确定需要借料的方向和多少，这样才能提高划线效率。如果毛坯误差超出许可范围，就不能利用借料来补救了。

借料的具体过程（举例说明）：

1. 图 4–13 所示的圆环是一个锻造毛坯，其内、外圆都要加工。如果毛坯形状比较准确，就可以按图样尺寸进行划线，此时划线工作非常简单（图 4–13b）。若锻造圆环的内、外圆偏心较大，划线就不是那么简单了。若按外圆找正划内孔加工线，则内孔个别部分的加工余量将不够（图 4–14a）；若按内圆找正划外圆加工线，则外圆个别部分的加工余量将不够（图 4–14b）。只有在内孔和外圆都兼顾的情况下，适当地将圆心选在锻件内孔和外圆圆心之间的一个适当的位置进行划线，才能使内孔和外圆都有足够的加工余量（图 4–14c）。这说明，通过划线借料能使有误差的毛坯被很好地利用。当然，误差太大时则无法补救。

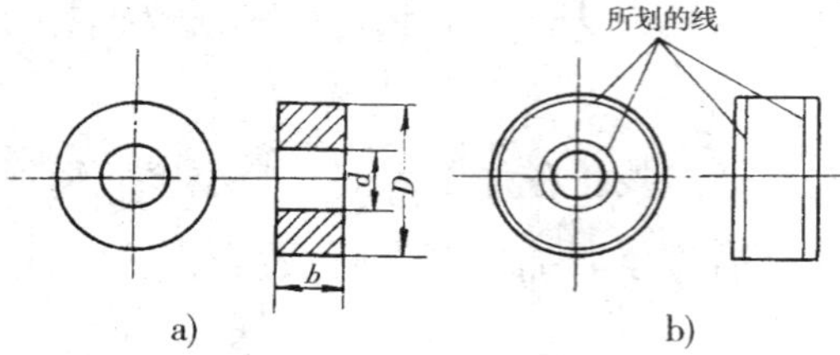

图 4－13　圆环工件图及划线

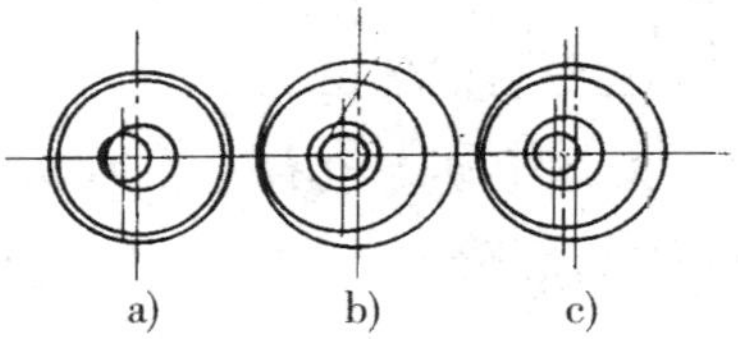

图 4－14　圆环划线的借料

2. 图 4–15 所示的齿轮箱体是一个铸造毛坯。由于铸造误差，使 *A*、*B* 两孔的中心距由图样规定的 150mm 缩小为 144mm，*A* 孔向右偏移 6mm。按照一般划法，因为凸台的外圆直径 125mm 是不加工的，为了保证两孔加工后与其外圆同心，首先应该以两孔的凸台外圆为找正依据，分别找出它们的中心，并保证两孔中心距为 150mm，然后划出两孔的圆周尺寸线 ϕ75。但是，由于 *A* 孔偏心过多，如果按上述一般方法划出的 *A* 孔，它的右边局部地方便没有足够的加工余量了（图 4–15a）。

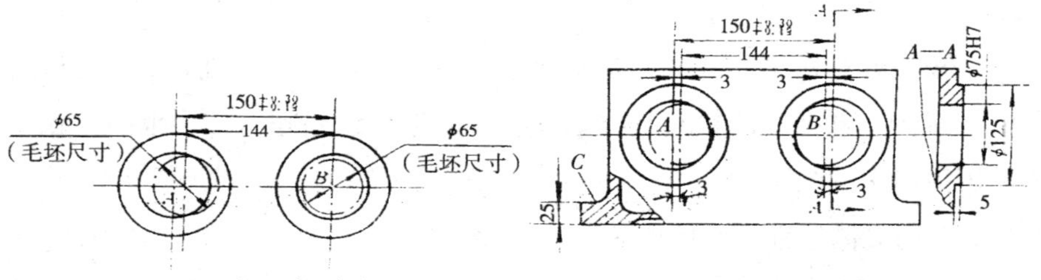

a）一般划法　　　　b）借料划法

图 4－15　齿轮箱体划线

如果用借料的方法将 A 孔中心向左借过 3mm，B 孔中心向右借过 3mm，这时再划两孔的中心线和内孔圆周加工线，就可使得两孔都能分配到加工余量，从而使毛坯得以利用（圈 4–15b）。当然，由于把 *A* 孔的误差平均反映到 *A*、*B* 两孔的凸台外圆上，所以划线结果会使凸台外圆与内孔产生偏心，但偏心程度并不显著，对外观质量的影响也不大，一般可符合零件的质量要求。

需要指出的是，划线时的找正和借料工作是密切结合进行的。例如图 4–15 所示的齿轮箱体，除了要划 *A*、*B* 两孔的加工线外，毛坯其他部位还有许多线需要划。如划底面加工线时，因为平面 C 也是不加工表面，为了保证此表面与底面之间各处的厚度均匀，划线时也要先以 C 面为依据进行找正。在对 C 面找正时，必然会影响到 A、B 两孔的中心高低，可能还要进行高低方面的借料。因此，找正和借料必须相互兼顾，使各方面都满足要求，如果只考虑一方面，忽略其他方面，都是不能做好划线工作的。

三、划线方法及实例

1. 基本划线方法

（1）划直线

把已确定好的加工界线上的两点，用钢尺和划针划一条直线。划线时，把钢尺靠在两点上，左手伸开，用拇指、食指、中指压在钢尺上，使钢尺边紧靠两点正中，右手拿划针，沿钢尺边向一个方向划。

（2）划平行线

①以工件上已加工完毕的一边为基准，用钢尺在工件的两端量取两个相同的尺寸并做出线痕，再用钢尺和划针把两个线痕连接起来。这根直线即与工件已加工边平行。

②在工件上，以加工完的一边为基准，用划规在工件的边端划两个弧，再用钢尺和划针连接两弧的切线。根据工作需要，用此法可再向上划出多条平行线。也可用单脚规直接贴住工件边划出平行线。

③可用直尺和角尺配合划平行线。

（3）划垂直线

用直角尺在已经划好的线上划垂线（图 4–16a）。把角尺的一边靠在直线上，用划针在角尺的另一边划出的直线即垂直于已知线。用宽座角尺靠在已经加工的工件边上，也可划出垂线（图 4–16b）。

2. 平面划线实例

绘制机床挂轮架（图 4–17）。

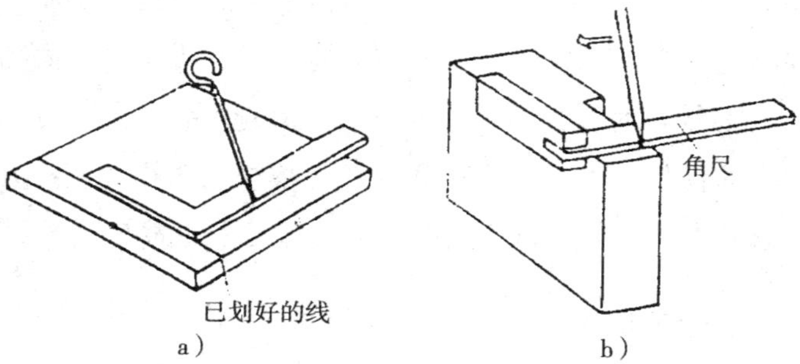

图 4－16　用角尺划垂直线

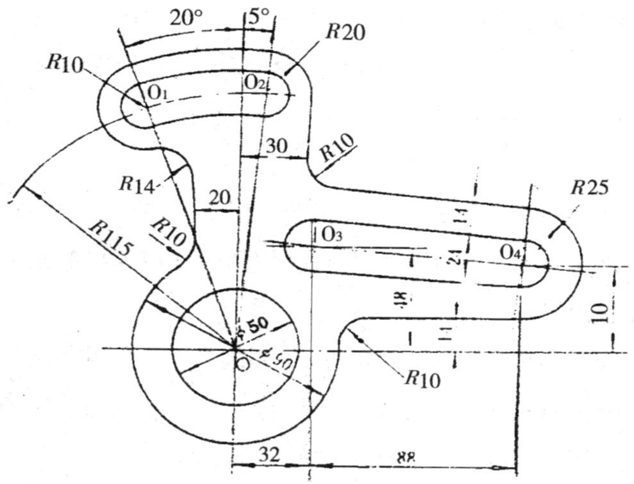

图 4－17　平面划线实例（挂轮架）

准备工作完成后，按下列步骤进行划线：

①选择划线基准中心线并打上冲眼，划 $\phi 50$ 和 $\phi 90$ 的圆弧（每做一个中心点，经检查后打上冲眼）。

②做 20° 和 5° 角度线，再划半径 115 弧线，交于角度线上的两点就是弧形长孔的中心点 O_1、O_2。

③做 32、88 和 48、40 的相应平行线，求出长孔中心点 O_3、O_4。

④按各中心点划各个尺寸的圆弧及各连接直线和弧线。

⑤按图纸检查校对所划图形是否有误，并在各尺寸的加工线上打好适

当的冲眼。

3. 打冲眼

打冲眼的方法如图 4–18 所示，开始时，样冲向外倾斜，使冲尖对正中心点（或线中），然后把样冲立直，用小锤打样冲顶部。

冲眼的距离，在直线段上可适当远些，在弧线上可近些，在两线交点上必须打冲眼。冲眼的深浅可根据工件而定，如在薄板上要打得轻而浅，在表面粗糙的工件上可打得重而深。对钻孔的中心冲眼，要在划好圆线之后再重新打深一些，以利于钻孔时对正中心。

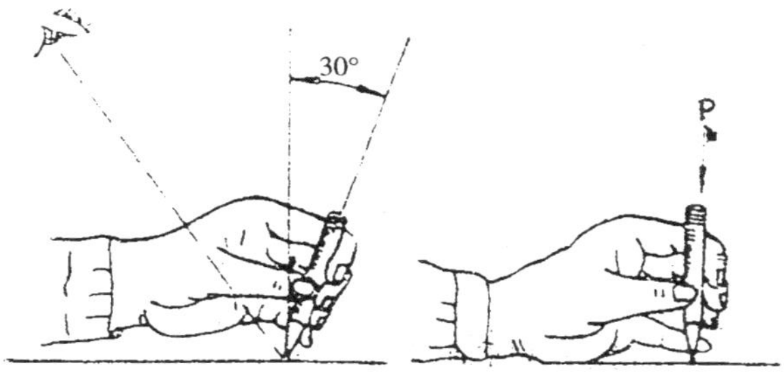

图 4－18 打冲眼的方法

四、划线废品的产生和预防方法

1. 划线前认真研究图纸，如发现问题或看不懂时应及时询问技术人员，以便校正；

2. 划线时要思想集中，头脑清醒，避免出现测量和计算的错误；

3. 正确而合理地选择基准，不得盲目划线；

4. 划针尖要锐利，涂料均匀，划出线条要清晰；

5. 放置工件要稳妥、牢固，防止损坏毛坯和平板；

6. 对划线工具和量具要仔细检查，校正后再使用；

7. 划线结束后，要认真对照图纸逐项核查各线条尺寸是否正确。

复习题

1. 零件在加工前为什么要进行划线？
2. 划线的工具有哪些？
3. 如何做好划线前的准备工作?
4. 根据零件材料不同如何选用涂料？
5. 什么叫划线基准？常用的划线基准有几种？
6. 什么是找正和借料？
7. 划线废品的产生和预防方法有哪些?

第五章　錾削与錾子

用手锤打击錾子对金属工件进行切削加工的方法叫錾削。錾削是钳工工作中一项较为重要的基本操作。目前，錾削工作主要用于不便于机械加工的场合，如去除毛坯上的凸缘、毛刺、分割材料、錾削平面及沟槽等。通过錾削工作的锻炼，可以提高锤击的准确性，为装拆机械设备打下扎实的基础。

錾削时所用的工具主要是錾子和手锤。

一、錾子

錾子由头部、切削部分及錾身三部分组成（图5-1）。头部有一定的锥度，顶端略带球形，便于锤击时作用力通过錾子中心线，使錾子保持平稳。錾身多数呈八棱形，以防止錾削时錾子转动。

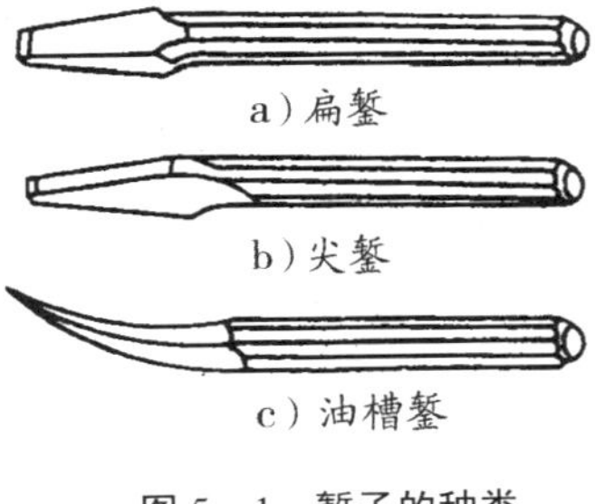

a）扁錾

b）尖錾

c）油槽錾

图5－1　錾子的种类

1. 錾子的种类及应用

常用錾子有三种：

（1）扁錾：图5-1a所示为扁錾，切削部分扁平，刃口略带弧形。主要用来錾削平面，去除毛刺和分割板料等。扁錾应用实例如图5-2所示。

a）板料錾切　　b）錾断条料　　c）錾削窄平面

图 5－2　扁錾的应用实例

（2）尖錾：图 5–1b 所示为尖錾。其切削刃比较短，切削部分的两侧面，从切削刃到錾身是逐渐狭小的，以防止錾槽时两侧面被卡住。尖錾主要用来錾削沟槽及分割曲线形板料（图 5–3）。

（3）油槽錾：图 5–1c 所示为油槽錾。其切削刃很短，并呈圆弧形，为了能在对开式的内曲面上錾削油槽，其切削部分做成弯曲形状。油槽錾常用来錾切平面或曲面上的油槽（图 5–4）。

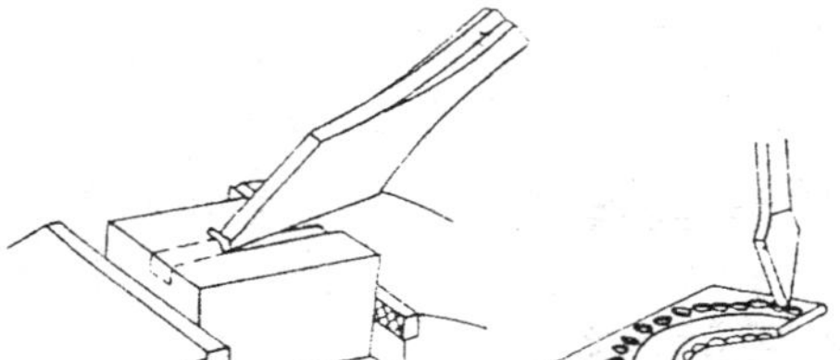

a）錾槽　　b）分割曲线形板料

图 5－3　尖錾的应用

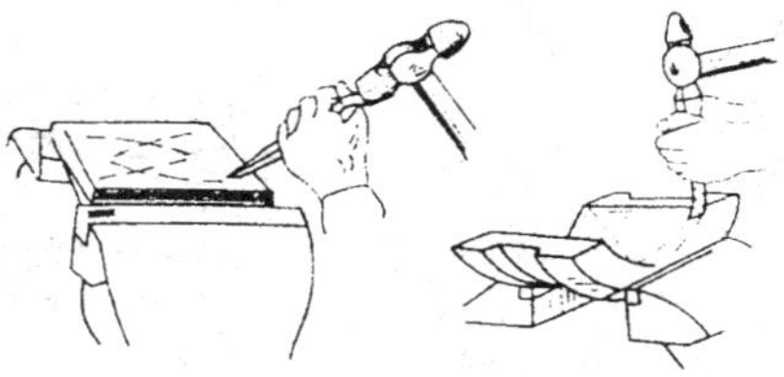

图 5－4　油槽錾的应用

2. 錾子的切削原理

錾子一般由碳素工具钢（T7A）锻成，然后将切削部分刃磨成楔形，经热处理后其硬度可达到 HRC56 ~ HRC62。

錾子切削部分由前刀面、后刀面以及它们的交线形成的切削刃组成。

錾削时形成的切削角度有：

（1）楔角 β

錾子前刀面与后刀面之间的夹角称为楔角（图 5-5）。楔角的大小对錾削有直接影响，一般楔角越小，錾削越省力。但楔角过小，会造成刃口薄弱，容易崩损；而楔角过大时，錾切费力，錾切表面也不易平整。通常根据工件材料软硬不同，选取不同的楔角数值：錾削硬钢或铸铁等硬材料时，楔角取 60°~70°；錾削一般钢料和中等硬度材料时，楔角取 50°~60°；錾削铜、铝等软材料时，楔角取 30°~50°。

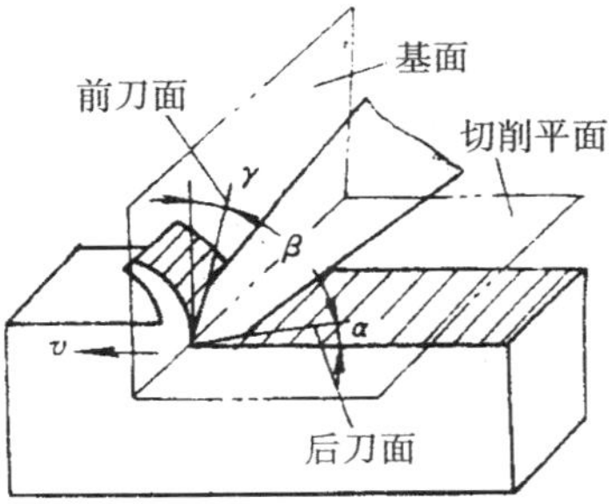

图 5-5 錾削切削角度

（2）后角 α

后角是錾削时錾子后刀面与切削平面之间的夹角。它的大小取决于錾子被掌握的方向，作用是减少錾子后刀面与切削表面之间的摩擦，引导錾子顺利錾切。一般錾切时后角取 5°~8°，后角太大会使錾子切入过深，錾切困难；后角太小会造成錾子滑出工件表面，不能切入。

（3）前角 γ

前角是錾削时錾子前刀面与基面之间的夹角。其作用是减少錾削时的切屑变形，使切削省力（前角越大，切削越省力）。由于基面垂直于切削平面，存在 $\alpha+\beta+\gamma=90°$ 的关系，当后角 α 一定时，前角 γ 的数值由楔角 β 的大小决定。

3. 錾子的材料

錾子一般由碳素工具钢（T7 或 T8）锻制而成。锻好的錾子，切削部分一定要经过淬火后才能使用。

4. 錾子的热处理

（1）加热

錾子一般采用经济方便的锻造炉加热，加热时，将粗磨好的錾子的切削部分插入炉内约 25mm~30mm，待其刃口部分加热到 750℃~780℃（呈暗樱红色）后取出。但不同牌号钢材的淬火加热温度是不相同的。

（2）冷却

把加热到淬火温度的錾子迅速取出，垂直放入冷水中约 4mm ~ 6mm，使之急冷变硬，并沿水面缓慢移动，使錾子刃始终接触冷水，加速冷却，提高淬火硬度，并使淬火部分与不淬火部分产生明显界限。

淬火时，为了避免錾子的剧烈冷却，可在水面上浮一层油，使錾子入水时先沾上油层，以缓和錾子的急剧冷却，可得到较好的效果。

（3）回火

淬火的錾子其硬度不一定完全合乎要求，有时硬度过硬，必须回火后方可使用。錾子的回火是用本身的余热进行的。

当錾子露出水面的部分呈黑色时，从水中取出，迅速将刃面在砖石上擦几下，去掉表面氧化层或污物，利用上部热量进行余热回火。这时要注意錾子刃面的颜色变化，当切削部分的温度逐渐上升时，颜色也随着改变。开始时是白色变为黄色，再由黄色变为红色、紫色、蓝色。当呈现黄色时，把錾子放入水中冷却，这种回火温度称为“黄火”；当呈现蓝色时，把錾子放入水中冷却，这种回火温度称为“蓝火”。“黄火”回火后錾子的硬度比“蓝火”的高些，不易磨损，但錾削不小心时容易断裂。“蓝火”回火后錾子的硬度比较适宜，故较多采用。

若錾子采用 T7 或 T8 材质，则在回火时，当錾子刃口部分颜色介于红色与蓝色之间（紫色约 280℃）时，将錾子放入水中冷却，即完成了淬火、回火的全部过程。

5. 錾子的刃磨方法及要求

（1）刃磨方法

对于用钝了或新锻打的錾子，要在砂轮上磨锐。刃磨时，双手握持錾身，一手在上，一手在下，使刃口向上斜放在旋转着的砂轮轮缘上，施加轻微压力，并在砂轮的全宽面上平稳均匀地移动（图 5-5a）。刃磨时必须使切削刃高于砂轮中心，以免切削刃扎入砂轮。要控制握錾的方向、位置，以保证磨出所需要的楔角。为了保证錾子刃口硬度不变，刃磨时要经常沾水冷却，以防刃口高温退火。

（2）刃磨要求（图 5–5b）

①两刃面对中心平面的夹角相等；

②两刃面的宽窄相等；

③刃口要平直，但不可倾斜。

对尖錾的刃磨还需遵守下列要求：

两个侧面宽度应从切削刃起向上逐渐变窄，以免在錾槽时被卡住，但不得超过 2°；尖錾刃口宽度要小于加工槽宽度约 0.1mm ~ 0.2mm。

（3）磨錾子时的注意事项

①刃磨时，人的身体不能站在砂轮的正中，应偏向砂轮的一侧；

②磨削时，錾子上的压力不能太大，以免砂轮受力过大而破裂或刃口部分因温度太高而退火；

③为保护眼睛，刃磨时必须戴防护眼镜；

④使用前要认真检查砂轮片是否紧固，开机后必须观察旋转方向是否正确（要向下转），等砂轮速度稳定后方可使用；

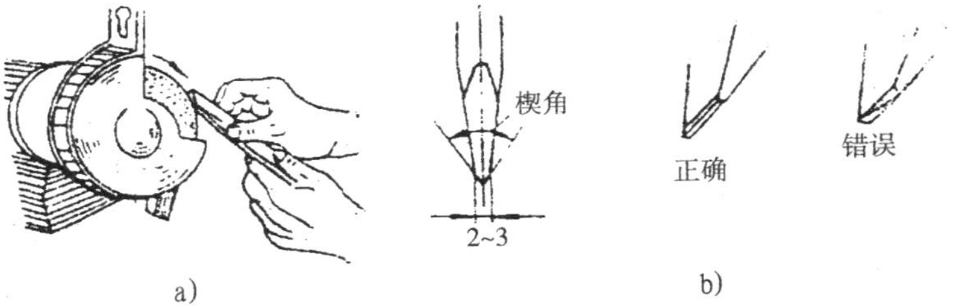

图 5 – 5 錾子的刃磨

⑤砂轮机上必须装设砂轮护罩，以防碎片或磨屑伤人；

⑥防止两人在一片砂轮上同时刃磨；

⑦砂轮机托台距轮片的间隙最大不超过 3mm。

二、手锤

錾削是借用手锤的锤击力使錾子切入金属。手锤是钳工常用的工具之一。锤头是由优质碳素钢或中、高碳钢制成，锤头的两端经过淬火硬化、磨光等处理。一般锤头的质量有 0.25kg、0.50kg、0.75kg、1kg 等几种。

1. 手锤的种类

手锤是由锤头和锤柄组装而成的。钳工常用的手锤有圆头和方头两种。圆头手锤用在錾削金属和装配工作中（图 5–6）；方头手锤多在矫正和铆接时使用。

2. 锤柄的安装及要求

锤柄是由坚硬的木材制成。手握处的断面呈椭圆形，便于锤头定向挥动和防止挥锤时锤柄转动。选用锤柄的长度要适宜，如 0.5kg 的手锤，柄长一般为 350mm 左右。

手柄与锤头的安装要牢固，锤头的中线与锤柄的中线垂直。装好后在锤头端部应打入一个带倒刺的铁楔，以防使用时锤头脱出。如锤头安装不当，会影响锤击质量。

三、錾削方法

1. 基本操作

（1）錾子的握法

因工作条件不同，握錾的方法也不同。现介绍几种握錾方法：

①正握法（图 5–7a）

用左手中指将錾夹住，无名指和小拇指自然弯曲，拇指和食指伸开，不要握得太紧，錾顶露出手虎口处 15mm ~ 20mm。露出过长，锤击时易晃动，影响锤击的准确度，容易打手。这是一种基本握錾法，用于錾削平面和錾断金属。

②反握法（图 5–7b）

手心向上，手指自然握住錾身，手心悬空。此法适用于錾削侧面。如錾键槽、油槽、剔毛刺等。

③立握法（图 5–7c）

手的虎口向上，拇指放在錾子一侧，其余四指放在另一侧，捏住錾子。此法多用在垂直錾切，如在铁砧上錾断金属等。

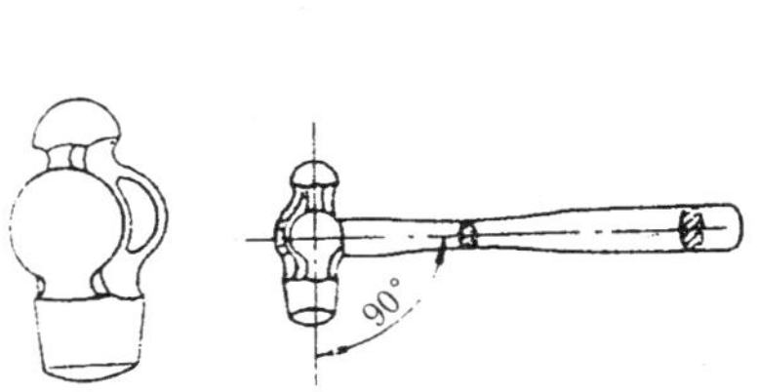

图 5－6 手锤

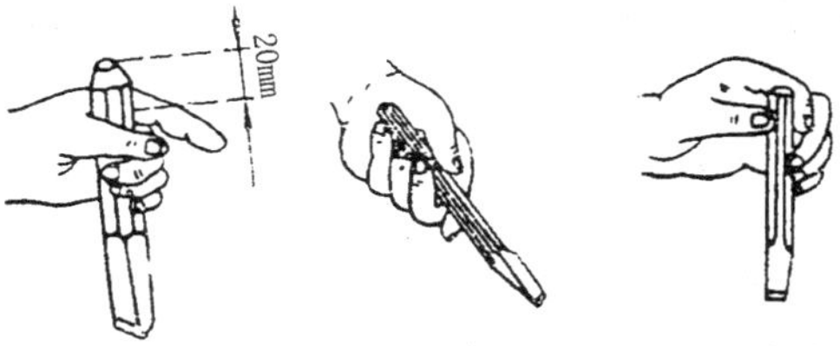

a)正握法 b)反握法 c)立握法

图 5－7 錾子的握法

（2）手锤的握法

握锤方法有紧握法和松握法两种。

①紧握法（图 5–8a）

用右手握住锤柄，大拇指压在食指上，柄尾露出约 15mm ~ 30mm。在挥锤和锤击时，握法始终不变。这种握法因手锤握得较紧，手易被磨破，故很少用。

②松握法（图 5–8b）

用手锤向后方举起时，拇指和食指仍卡住锤柄，其余三指逐渐放松。在向前锤击时，把放松的三指随锤的回击逐渐握紧，并加速手锤的运动，此种握法锤击有力，且能减轻疲劳，较为常用。

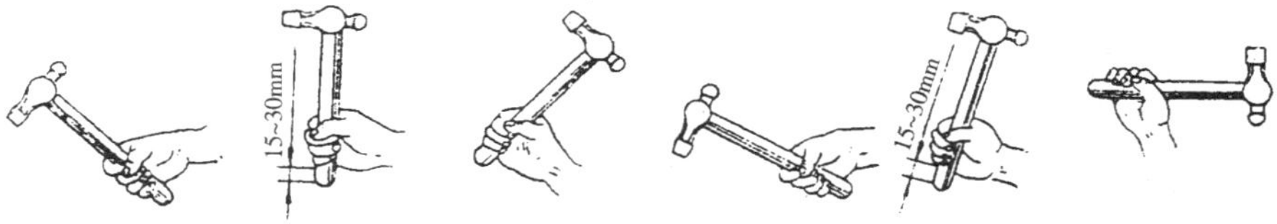

a) b)

图 5－8 手锤的握法

（3）挥锤方法

①手挥（腕挥）（图 5–9a）

挥锤时，只用手腕的运动挥动手锤，故锤击力量小，适用于錾削开始和收尾，以及需要轻击的錾削工作。

②肘挥（图 5–9b）

挥锤时，手腕和肘向后弯，使前臂和锤柄成锐角，上臂不动，然后迅速向錾顶锤击。用肘挥锤击力较大，适用于各种錾削工作。挥锤速度以每分钟 40 次 ~ 50 次为宜。

③臂挥（图 5-9c）

挥锤时，手腕和肘向后弯曲并将上臂稍微扬起。臂挥锤击力大，挥锤速度较肘挥慢些。

（4）站立姿势

錾削的站立姿势，应以工作时身体不易疲劳，且便于用力为宜。人应站在虎钳的近旁，面向虎钳 30° 左右，上身略向前倾，左脚向前半步，膝部稍弯曲，右脚稍后，后腿伸直。身体站稳面对工件，不应前探或后仰。图 5-10 为钳工在台虎钳上工作时，两脚的基本站立位置。这种站立位置也适用于锉削操作。

錾削时，身体随着手锤的挥动而自然摆动。锤击时锤的运动速度要快，以增加锤击力。同时应使锤头中心与錾子中线成一直线，这样锤击力集中且錾子不易晃动，提高錾削质量。锤击时眼睛要看錾子切削刃和工件之间，注意观察錾削表面的情况，随时调整握錾的倾斜度，使錾面平整。不可注视錾顶，导致錾削表面不平。

只有多练，才能逐步掌握錾削工作的技巧。

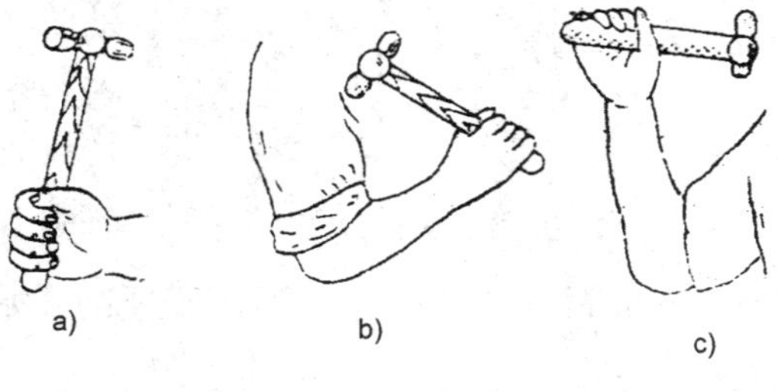

图 5－9 挥锤的方法

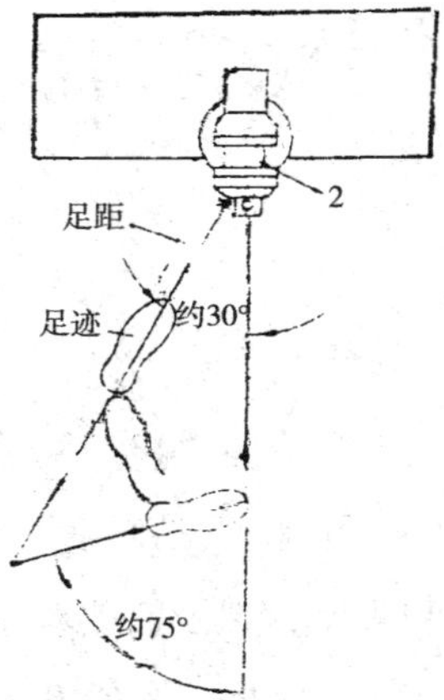

1- 钳台；2- 台虎钳

图 5－10 錾削时的站立位置

2. 加工实例

（1）板料的錾断

①薄板料的錾断

在台虎钳上切断厚度为 2mm 以下的板料和板边的方法如图 5-11 所示。要使錾切处与钳口平行，用扁錾从右向左沿着钳口并斜对着板料（呈 35°～45°）錾切。

②厚板料的錾断

在铁砧（或平板）上錾断较厚的板条料（图 5-12a）时，首先应沿线錾出凹痕，再利用敲击的力量使它折断。

当錾断尺寸较大的板料时，可在工件轮廓周围钻出一排密集的小孔，再进行錾断（图 5-12b）。

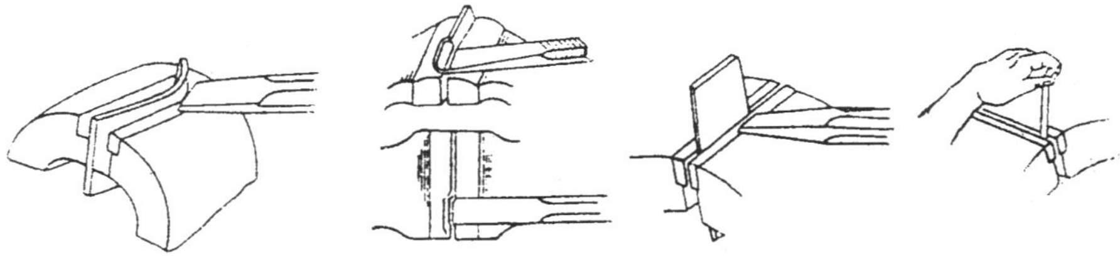

a）錾板边　b）不正确的錾断法　c）錾断板料

图 5-11　錾断薄板料

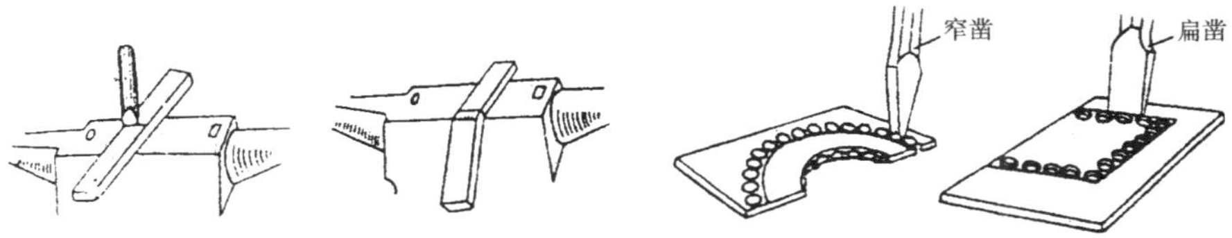

a）　b）

图 5-12　錾断厚板料

（2）錾削平面

①錾削窄平面

若扁錾的刃口宽度大于被加工的平面宽度（图 5-13），夹持工件时，尺寸线应露出钳口，但不宜太高，每次錾削厚度约为 0.5mm～2mm。

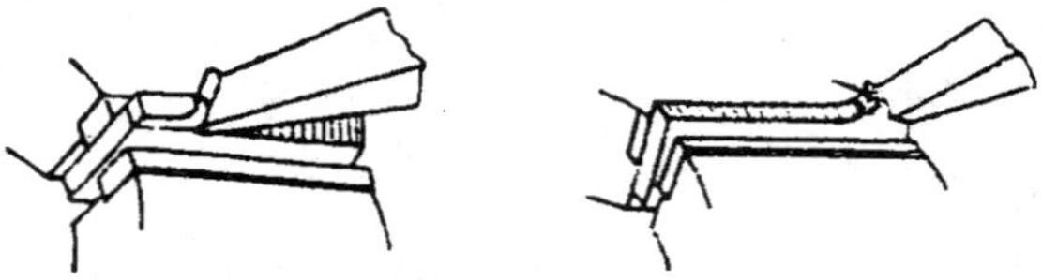

a）錾平面　　b）从另一端錾削

图 5－13　錾窄平面

②大平面錾削

先用尖錾开槽，再用扁錾把槽间的凸起部分錾去（图 5-14），其平行槽的数量，以能使各剩余部分的宽度略小于扁錾的刃宽为宜。如果只用扁錾錾削大平面，则錾削阻力大，而且两侧阻力不平衡，錾削速度慢，錾刃也容易损坏。

进行大平面錾削时，因錾削量大，为了防止工件端部产生崩裂现象，一定要在錾至工件约 20mm 处调头，从另一端錾过去，以防棱边碎裂（图 5-15）。

在修整平面时，握錾必须稳定，锤击力要轻，錾削厚度不得超过 0.5mm，使錾削平面平整。

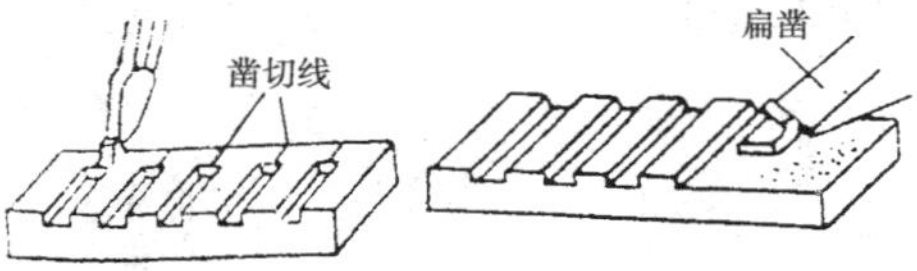

图 5－14　较大平面的錾削方法

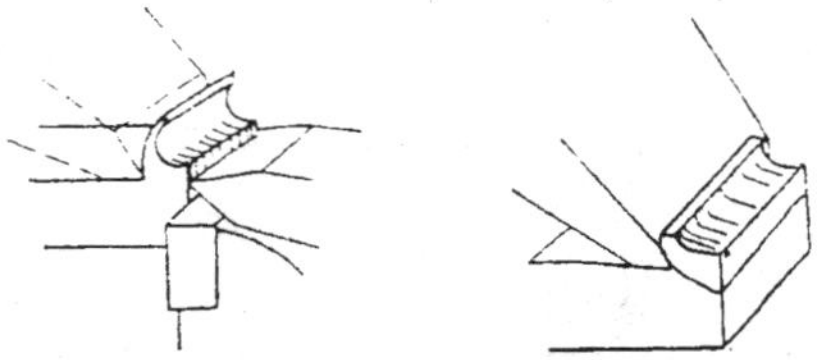

a）正确的錾法　　b）错误的錾法

图 5－15　预防錾伤棱角的方法

（3）錾槽

①錾键槽

先在键槽的部位划出加工线，再按键槽的形状，在一端（或两端）钻孔完成圆弧部分的加工，再把尖錾磨成适合的尺寸进行加工（图 5-16a）。

②錾油槽

先用粉笔在轴瓦上划出油槽的形状，较小的轴瓦可夹在台虎钳上，但夹持力不能过大，以防轴瓦变形。用油槽錾子随轴瓦曲面沿线轻轻地錾出油槽的痕迹。应保持切削角度不变，要求光滑和深浅均匀（图 5–16b）。

油槽的宽度应与油槽深度一致，刃部的高度一般为宽度的 2/3。

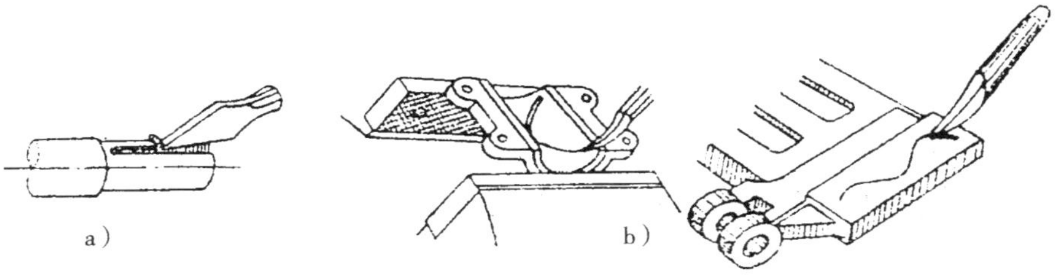

图 5 – 16 錾槽

四、錾削时产生废品的原因及其预防方法

錾削时产生废品的原因及预防方法参见表 5–1。

表 5–1 錾削废品产生原因及预防方法

形式	原因	预防方法
工件表面不平	1. 操作不正确，錾子楔入工件 2. 使用钝錾子 3. 握錾不稳，锤击力不均 4. 錾子刃口崩伤	1. 注意调整錾削角度 2. 正确修磨錾刃 3. 平稳握錾，保持切削角一致，注意用力一致 4. 及时修磨錾刃
錾伤工件	1. 棱角崩缺 2. 錾过了尺寸界限 3. 握錾不稳，刃口忽上忽下 4. 起錾时方法不对	1. 脆性材料必须从两边向中间錾 2. 检查校正划线尺寸，并按照划线进行錾削，经常检查錾削情况 3. 平稳握錾，锤击力要均匀 4. 錾子刃口要摆平，同时，刃口的一侧角要和槽位线对齐，用力要小
錾削直槽不直、不平	1. 槽面爆裂 2. 槽不直 3. 槽底高低不平 4. 槽底倾斜 5. 槽口呈喇叭形 6. 与基面不平行	1. 第一遍錾削量过多 2. 调头錾削时未錾在同一直线上或不严格按线錾削 3. 錾削时的后角不稳定，忽大或忽小 4. 尖錾刃口磨成倾斜或錾子斜放錾削 5. 尖錾的刃口两端已磨钝，中途换錾子，尖錾刃磨次数过多致使刃口宽度缩小 6. 不依照划线进行，第一遍錾削时方向发生改变

五、錾削的安全操作

1. 錾削前认真检查锤柄有无裂纹、锤头是否松动。锤头无楔、松动或裂柄的手锤不能再使用。

2. 錾子顶部出现翻边，要及时磨旧，以免打崩伤人。

3. 手锤、錾子顶部和木柄上都不应沾油污，以免锤击时打滑伤人。

4. 握锤的手不能戴手套，以免手锤飞脱伤人。

5. 錾削脆性金属和修磨錾子时，要戴防护眼镜。

6. 对面进行操作的钳台中间应设安全防护网。

7. 錾削将近终止时，锤击力要轻，以防伤手。

8. 刃磨錾子时，要严格遵守砂轮机的安全操作规程。

复习题

1. 錾子在切削时有哪些角度？说明其意义和作用。

2. 刃磨錾子时，如何确定楔角的大小？应符合哪些要求？

3. 尖錾切削部分两侧面为什么要磨成向柄部逐渐变窄？

4. 试述錾子的淬火和回火过程。

5. 怎样切断板料？

6. 怎样錾削平面？

7. 如何确定錾削时的站立位置？

8. 刃磨錾子时要注意哪些事项？

9. 錾削时有哪些安全注意事项？

第六章 锉削与锉刀

一、锉削概述

用锉刀对工件表面进行切削加工叫锉削。锉削一般是在錾、锯之后对工件进行的精度较高的加工，其精度可达0.01mm，表面粗糙度可达*Ra*0.8。

锉削的应用范围很广，可以锉削平面、曲面、外表面、内孔、沟槽和各种复杂表面，还可以配键、做样板及在装配中修整工件，是钳工常用的重要操作之一。

二、锉刀

锉刀由高碳工具钢T13或T12制成，经热处理后切削部分硬度可达HRC62 ~ HRC72。

1. 锉刀的构造

锉刀由锉身和锉柄两部分组成，各部分名称如图6–1所示。

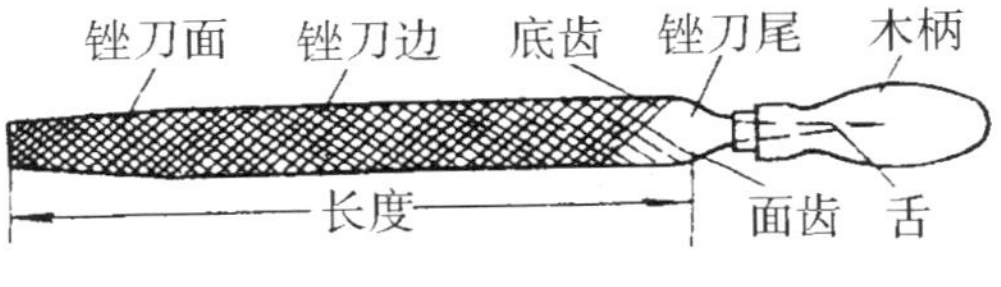

图6－1 锉刀各部分名称

（1）锉刀面是锉削的主要工作面。锉刀面在前端做成凸弧形，上下两面都制有锉齿，便于进行锉削。

（2）锉刀边是指锉刀的两个侧面，有的没有齿，有的其中一边有齿。没有齿的一边叫光边，它可在锉削内直角的一个面时，避免碰伤另一相邻的面。

（3）锉刀舌是用来装锉刀柄的。锉刀柄是木质的，在安装孔的外部应套有铁箍。

2. 锉齿和锉纹

（1）锉齿有剁齿和铣齿两种。剁齿由剁锉机剁成，其切削角 δ_0 大于 90°（图 6–2b）；铣齿由铣齿法铣成，切削角 δ_0 小于 90°（图 6–2a）。锉削时，每个锉齿相当于一把錾子，对金属材料进行切削。

切削角 δ_0 指前刀面与切前平面之间的夹角，其大小影响切屑流动的难易程度及刀具切入是否省力。

a）铣齿锉齿　　b）剁齿锉齿

图 6–2　锉齿的切削角度

（2）锉纹是锉齿排列的图案。锉刀的齿纹有单齿纹和双齿纹两种。

单齿纹是指锉刀上只有一个方向的齿纹（图 6–3a）。单齿纹多为铣制齿，正前角切削，齿的强度弱，全齿宽同时参加切削，需要较大的切削力，因此适于锉削软材料。

双齿纹是指锉刀上有两个方向排列的齿纹。双齿纹大多为剁齿，先剁上去的为底齿纹（齿纹浅），后剁上去的为面齿纹（齿纹深），面齿纹和底齿纹的方向和角度不一样（图 6–3b）。这样形成的锉齿，沿锉刀中心线方向形成倾斜且按规律排列。锉削时，每个齿的锉痕交错而不重叠，锉面比较光滑，切屑是碎断的，锉削比较省力，锉齿强度也高，适于锉削硬材料。

3. 锉刀的种类

钳工所用的锉刀按其用途不同，可分为普通钳工锉、整形锉和异形锉三类。

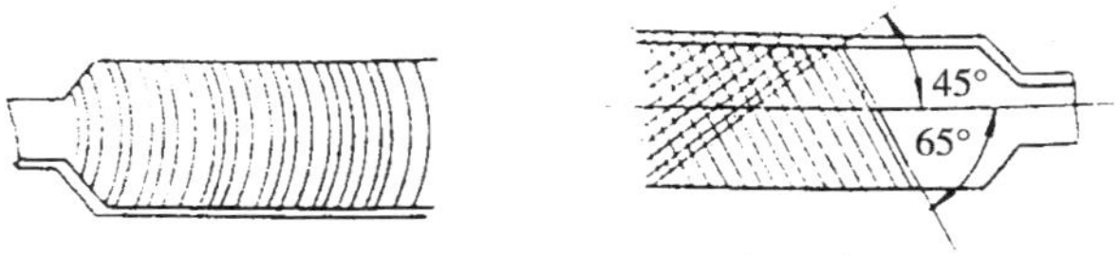

a）单齿纹　　　　b）双齿纹

图 6－3　锉刀的齿纹

普通钳工锉按其断面形状不同，分为平锉（板锉）、方锉、三角锉、半圆锉和圆锉五种（图 6–4）。

异形锉是用来锉削工件特殊表面的。有刀口锉、菱形锉、扁三角锉、椭圆锉、圆肚锉等（图 6–5）。

图 6－4　普通钳工锉的断面形状

图 6－5　异形锉的断面形状

整形锉又叫什锦锉或组锉，因分组配备各种断面形状的小锉而得名，主要用于修整工件上的细小部分。图 6–6 所示为整形锉的各种形状，通常以 5 把、6 把、8 把、10 把或 12 把为一组。

4. 锉刀的规格

锉刀的规格分为尺寸规格和齿纹的粗细规格。

不同的锉刀尺寸规格用不同的参数表示。圆锉刀的尺寸规格以直径表示；方锉刀的尺寸规格以方形尺寸表示；其他锉刀则以锉身长度表示。钳工常用的锉刀有 100mm、125mm、150mm、200mm、250mm、300mm、350mm、400mm 等几种。

按国标 GB 5805–1986 规定，锉齿的粗细规格是以锉刀每 10mm 轴向长度的主锉纹条数来表示（表 6–1）。主锉纹是指锉刀上两个方向排列的深浅不同的齿纹中，起主要锉削作用的齿纹。起分屑作用的另一个方向的齿纹称为辅齿纹。

表 6-1 锉刀齿纹粗细的规定

规格（mm）	主 锉 纹 条 数（10mm 内）				
	锉 纹 号				
	1	2	3	4	5
100	14	20	28	40	56
125	12	18	25	36	50
150	11	16	22	32	45
200	10	14	20	28	40
250	9	12	18	25	36
300	8	11	16	22	32
350	7	10	14	20	–
400	6	9	12	–	–
450	5.5	8	11	–	–

表中，1 号锉纹为粗齿锉刀，2 号锉纹为中齿锉刀，3 号锉纹为细齿锉刀，4 号锉纹为双细齿锉刀，5 号锉纹为油光锉。

5. 锉刀的选择

每种锉刀都有一定的用途，如果选择不当，就不能充分发挥它的效能，甚至会过早地丧失切削能力。因此，锉削之前必须选择正确的锉刀。

应根据被锉削工件的表面形状和大小选择锉刀的断面形状和长度。锉刀形状应适应工件加工表面的形状，不同加工表面使用的锉刀如图 6–7 所示。

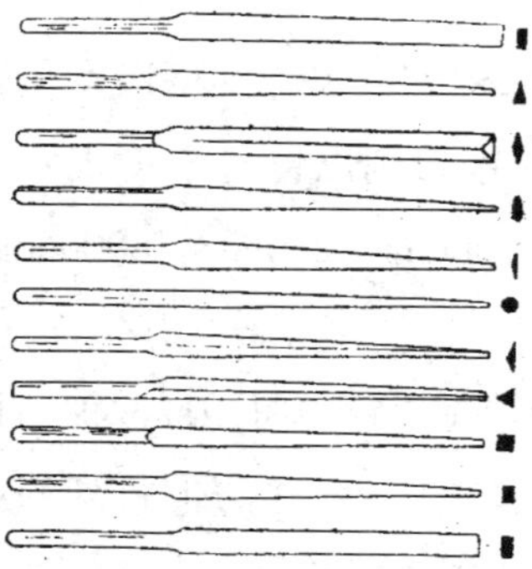

图 6 – 6 整形锉的断面形状

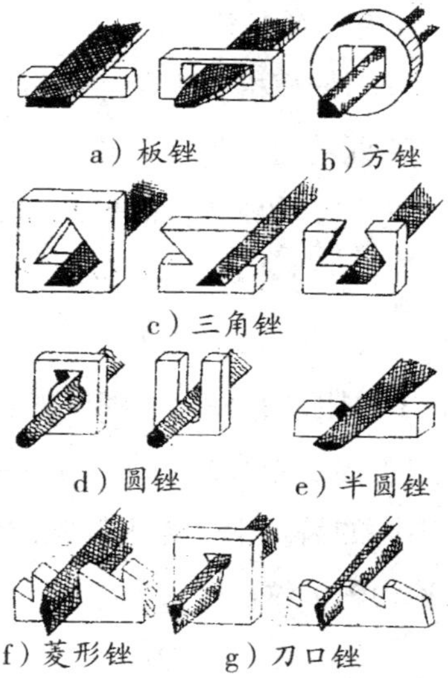

图 6 – 7 不同加工表面使用的锉刀

锉刀粗细规格的选择，取决于工件材料的属性、加工余量的大小、加工精度和表面粗糙度要求的高低。例如，粗锉刀由于齿距较大不易堵塞，一般用于锉削铜、铝等软金属及加工余量大、精度低且表面粗糙的工件；而细锉刀则用于锉削钢、铸铁以及加工余量小、精度要求高且表面粗糙度低的工件；油光锉用于最后修光工件表面。

各种粗细规格的锉刀适宜的加工余量、所能达到的加工精度和表面粗糙度见表 6–2，供选择锉刀粗细规格时参考。

表 6–2

锉刀粗细	适用场合		
	锉削余量（mm）	尺寸精度（mm）	表面粗糙度
1 号（粗齿锉刀）	0.5 ～ 1	0.2 ～ 0.5	Ra100 ～ 25
2 号（中齿锉刀）	0.2 ～ 0.5	0.05 ～ 0.2	Ra25 ～ 6.3
3 号（细齿锉刀）	0.1 ～ 0.3	0.02 ～ 0.05	Ra12.5 ～ 3.2
4 号（双细齿锉刀）	0.1 ～ 0.2	0.01 ～ 0.02	Ra6.3 ～ 1.6
5 号（粗光锉）	0.1 以下	0.01	Ra1.6 ～ 0.8

6. 锉刀的使用和保养

为了合理使用锉刀，延长锉刀的使用寿命，必须遵守下列规则：

（1）新锉刀应先使用一面，用钝后再使用另一面；

（2）新锉刀应先用于锉削较软的金属，使用一段时间后再锉削硬金属；不得用新锉刀锉削硬金属，以防锉齿过早磨钝；

（3）锉刀上不可沾油或沾水，以防锉削时打滑或锈蚀；

（4）不可锉淬硬的工件，以防损坏锉刀；

（5）要经常用钢丝刷清除嵌入齿缝的切屑，但要注意顺着锉齿的方向清刷；

（6）不可用细齿锉刀锉削软金属，以防锉屑堵塞锉齿；

（7）铸件或锻件表面有型砂或硬皮时，应先用砂轮或旧锉去掉硬皮后，再进行锉前加工；

（8）锉刀不可与其他工件、工具堆放在一起，也不可与其他锉刀叠放，以免锉齿损坏；

（9）不能用嘴吹铁屑，也不能用手擦摸刚锉过的表面；

（10）锉削时，锉刀柄不可撞击工件，以免锉刀脱落伤人；

（11）锉刀不可当撬棒或手锤用。

三、锉削的操作方法

1. 锉刀柄的装卸

锉刀柄必须用比较坚韧的木料制成，在插孔的外部套有一个铁箍，以防装锉时将木柄胀裂。锉刀柄安装孔的深度约等于锉刀的舌长，但孔径以锉刀舌能自由插入 1/2 为宜。装锉时，左手扶柄，右手将锉刀舌插入锉柄孔内，轻轻蹾紧，放开左手，再用右手将锉刀垂直地蹾紧，使锉舌插入柄孔内的长度约占锉舌总长的 3/4（图 6–8a）。图 6–8b 为不正确的装锉刀柄的方法，因为这样不能让锉刀在蹾紧时从柄口中跳出，使舌尖刺伤手背。图 6–8c 为在台虎钳上利用惯性作用拆卸锉刀柄的方法。

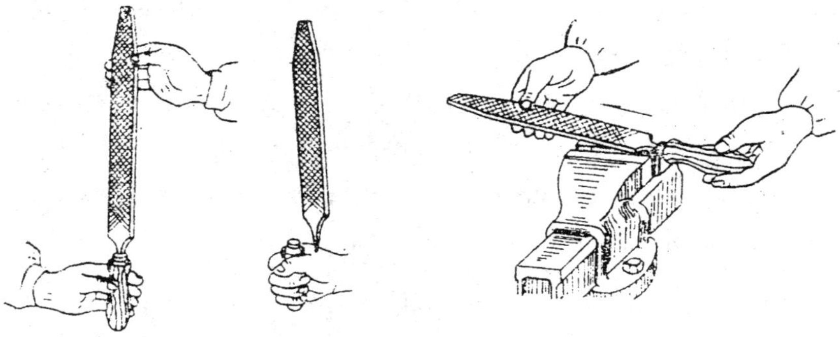

a）正确　　b）不正确　　c）在台虎钳上退下锉刀柄

图 6 – 8　锉刀柄的装卸

2. 锉刀的握法

锉刀的种类、规格和使用场合不同，其握法也不同。图 6–9 所示为 250mm 以上规格的较大锉刀的握法。用右手心抵住锉刀柄的端头，拇指放在柄的上端，其余的手指由下而上地弯曲，配合拇指握住锉刀柄。左手的握法如图 6–9b 所示，把左手的手掌斜放在锉刀最前端的上方，拇指根部肌肉压在锉刀头上，其余四指弯向手心，用中指和无名指捏住锉刀前端右下方。左手也可斜放在锉刀前端，除拇指外，各指自然蜷曲或自然放平（图 6–9b）。

双手握锉姿势如图 6–9c 所示。锉削时右手小臂和锉刀平齐，左手肘部要抬起。

图 6–10a 所示是中型锉刀的握法。右手握法和大型锉刀握法相同，左手只用拇指和食指捏住锉刀前端。图 6–10b 所示是小型锉刀的握法。为了防止锉刀弯曲，右手食指放在锉刀柄的侧面，左手两手指压在锉刀的中部。图 6–10c 所示是什锦锉刀的握法。

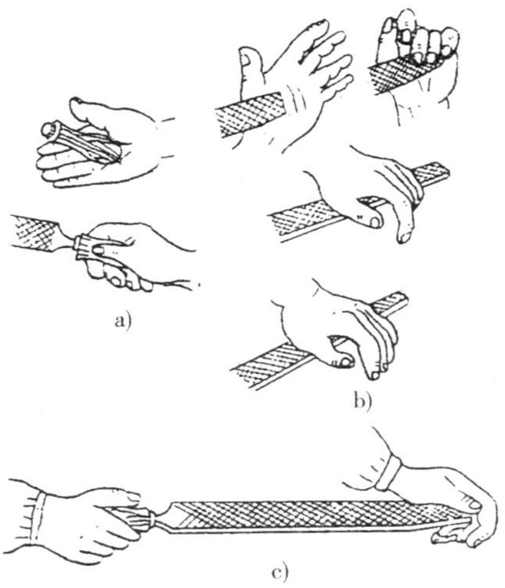

图 6－9　较大锉刀的握法

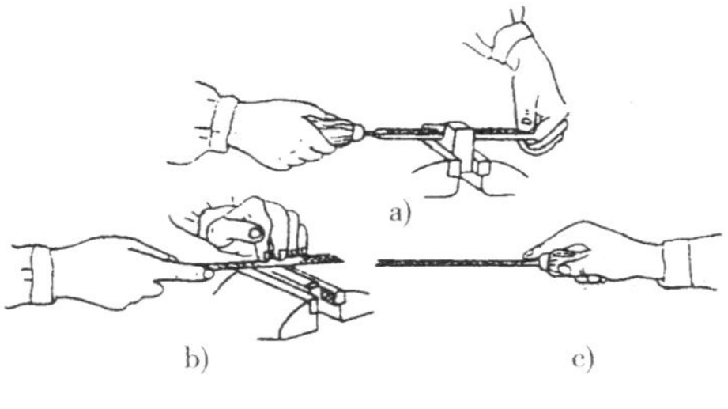

图 6－10　中小型锉刀的握法

3. 锉削姿势

正确的锉削姿势必须从正确的握锉方法、足部站立位置、操作姿势和锉削力的运用是否协调一致等几个方面掌握。正确的锉削姿势和动作，能保证锉削质量，提高效率，减少疲劳。

（1）台虎钳的高度

最适合操作者的台虎钳的高度，是操作者的下颚到钳口的距离应为拳面至肘部的高度。太高或太低，都会使操作者活动不自然，容易疲劳，工效低且影响锉削质量。

（2）站立位置

锉削时人的站立位置与錾削相似（图 6–10），可根据所用锉刀长度的不同，调节人与台虎钳的距离，以求操作自然，便于用力，并能适应不同的加工要求。

（3）锉削时的姿势

锉削时的动作姿势如图 6–11 所示。锉削时，双手握住锉刀两端，平放在工件上面，左臂弯曲，小臂和工件锉削平面左右保持基本平行，右小臂要和工件锉削平面前后保持基本平行，左腿稍弯曲，右腿伸直，身体稍向前倾，重心放在左腿上。锉削时，两脚站稳，靠左腿的屈伸使上身做往复运动，同时要使身体和手臂的运动互相配合，充分利用锉刀的有效全长。

锉削开始，左臂弯曲，右臂稍向后，身体略向前倾约 10°（图 6–11a）；当锉刀向前推进三分之一时，身体向前倾斜 15° 左右，使左臂稍直，左腿再弯曲，右臂向前推（图 6–11b）；锉刀继续向前推到三分之二时，身体逐渐前倾到 18° 左右，左腿继续弯曲，左臂伸直，右臂向前推进（图 6–11c）；锉刀继续前推到锉刀全长时，身体随着锉削的反作用退回到 15° 位置（图 6–11d）；推锉终止时，双手按住锉刀，身体恢复原来位置，锉刀不加压力，把锉刀沿着锉面轻轻拉回，完成一次锉削运动。锉削速度一般每分钟约 40 次。前推时稍慢，拉回时稍快，动作要自然。

a） b） c） d）

图 6 – 11　锉削时的动作姿势

4. 锉削力的运用

在锉削过程中,双手的用力应随着锉刀与工件接触位置的不同而变化。锉削时的推力主要靠右手来控制,而压力的大小则由双手控制。要保证双手作用在锉刀上的力基本平衡,才能使锉刀平直运动,锉出平整的平面来。保证锉刀平直运动的条件是:锉刀在工件上的任一位置时,其前后两端所受的力矩应相等。分析如下:

锉削开始时,左手施加压力大些,右手施加压力小些(图 6–12a);随锉刀向前推进,左手压力要逐渐减小,右手的压力逐渐增大,到中间时两手的压力应相等(图 6–12b);到最后阶段,左手的压力减小,右手压力增大(图 6–12c);锉刀退回时,双手都不施加压力,以减少锉刀的磨损(图 6–12d)。

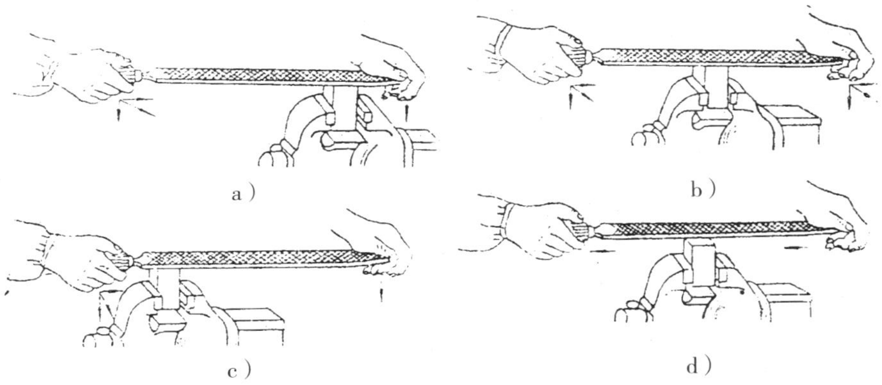

图 6 – 12 锉刀力矩的平衡

锉削时压力要适当,如向前推进时,发出"唰唰"的声响,同时手上应有一种韧性的感觉。压力太小,易打滑;压力太大,易折断锉刀(尤其是中、小锉)。

四、锉削方法

1. 工件的夹持

工件夹持是否正确,将直接影响锉削的效率和质量,因此,应按下列要求(图 6–13)进行。

（1）工件最好夹持在钳口中间，以使台虎钳受力均匀；

（2）工件要夹牢，但不应使工件变形；

（3）被夹持的工件伸出钳口不宜太高，以防锉削时产生震动；

（4）夹持已加工面和精密工件时，应在钳口加衬板（铝或铜片制成），以免夹伤工件表面；

（5）对薄板件锉削可按图 6-13c 所示的方法进行。用两块三角铁将薄板夹紧后在台虎钳上进行锉削。

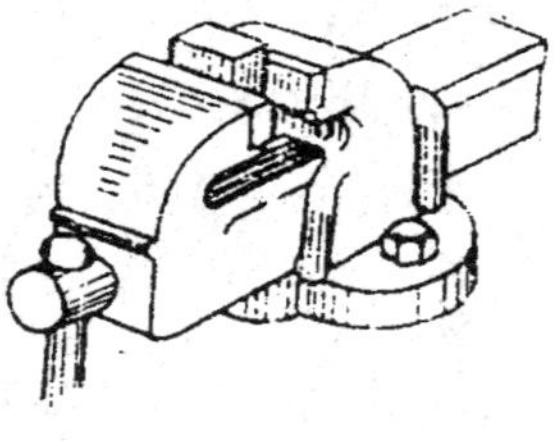

a）一般工件的夹持

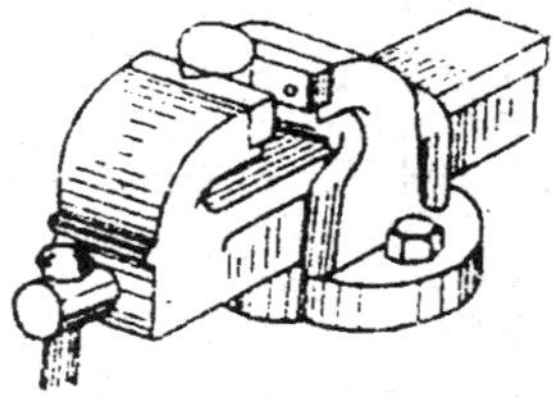

b）圆形工件的夹持

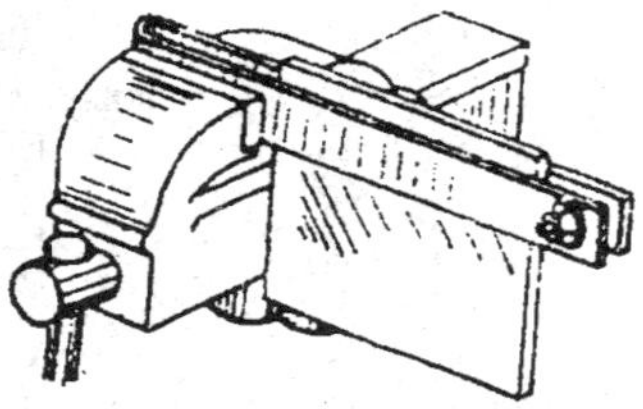

c）薄板料的夹持

图 6－13　工件的夹持

2. 平面锉削

平面锉削是最基本的锉削方法。为了使平面易于锉平，常采用以下三种方法：

（1）顺向锉法（图 6-14a）

锉刀的运动方向是单向的，并沿工件表面横向有规则地移动。这是钳工常用的锉削方法。为了能够均匀地锉削工件表面，每次退回锉刀时，应向旁边移动 5mm ～ 10mm。

（2）交叉锉法（图 6–14b）

在顺向锉的基础上，第一遍锉削和第二遍锉削要交叉进行。这样，工件的表面上能出现高低不平的痕迹，容易锉出准确的平面。此法在锉削余量较多和找平时使用。

（3）推锉法（图 6–14c）

用顺直锉纹修平平面，以达到要求的表面粗糙度或锉光较窄的面。加工余量一般都很小，应采用锉面平直的细锉刀。握锉方法：双手横握锉刀身，拇指靠近工件，双手用力一致，平稳地沿工件表面来回推锉刀。推锉时应在锉刀上涂粉笔末并及时清除锉齿中的切屑，以减少吃刀深度，不致擦伤工件表面。需要修光工件表面时，可将细砂布垫在锉刀下面推锉。

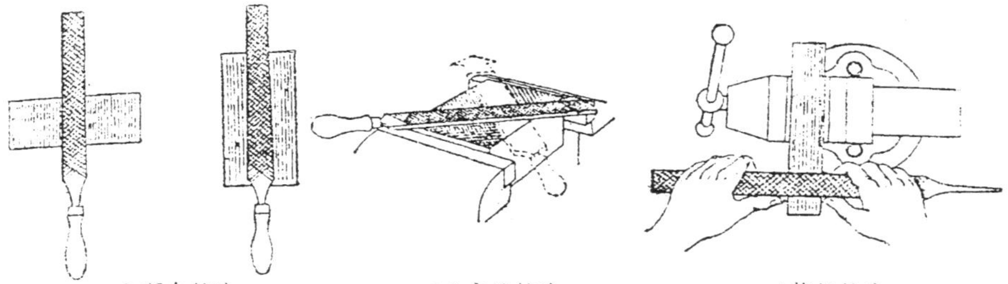

a）顺向锉法　　b）交叉锉法　　c）推锉锉法

图 6－14　平面的锉削方法

3. 曲面的锉削

曲面有外圆弧面和内圆弧面两种。锉削外圆弧面用扁锉，锉削内圆弧面用圆锉或半圆锉。

（1）锉削外圆弧面

①顺着圆弧锉（图 6–15a）

锉削时，在锉刀向前进的同时，还要绕工件圆弧中心做摆动，即右手下压，左手把锉刀前端向上翘。此法能使锉出的圆弧表面圆滑无棱角，但其效率低，锉削位置不易掌握，故适用于余量较小或精锉圆弧。

②横着圆弧锉（图 6–15b）

此法适用于对余量较大的圆弧进行粗加工。首先，按划线均匀地将工件锉成近似圆弧的多棱形后，再用顺着圆弧锉的方法精锉成圆弧。

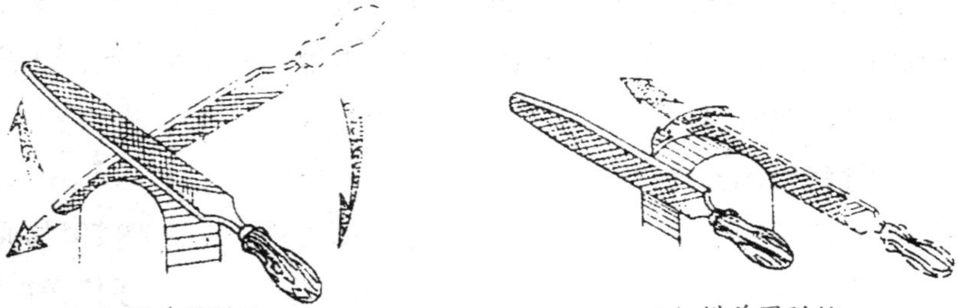

a）顺着圆弧锉　　b）横着圆弧锉

图 6－15　外圆弧面锉削

（2）锉削内圆弧面

锉削内圆弧时，一般采用滚锉法。锉削时，锉刀要同时完成三个动作（图 6–16）：即前进、向左或向右移动（移动约半个到一个锉刀宽度）、绕锉刀中心线转动（沿顺时针或逆时针方向转 90° 左右）。

如果锉刀只进行前进的动作，锉出的圆弧就不准确（图 6–17a）；如果只完成前进和向左或向右的移动，锉出的圆弧也不好（图 6–17b）；只有同时完成上述三个动作才能锉好内圆弧面（6–17c）。

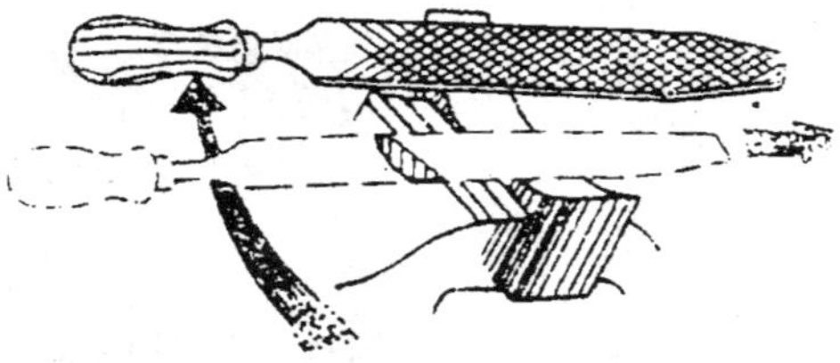

图 6－16　锉内圆弧面的三种运动

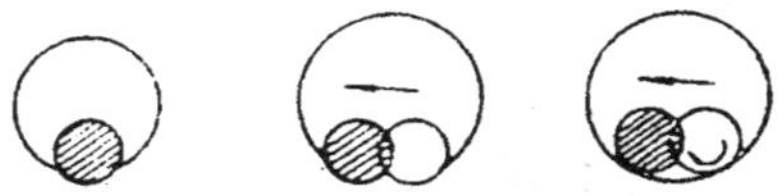

a）　b）　c）

图 6－17　内圆弧面的不同锉法

（3）球面的锉削

锉削圆柱形工件端部的球面时，锉刀在做外圆弧法动作的同时，还要绕球面的中心线做周向摆动（图 6–18）。

4. 锉通孔

对成形孔的加工，通常会遇到两种情况：一是工件上已经有孔，要用锉削修正孔形和尺寸，以达到图纸要求；二是工件上原来无孔，须按图纸要求划线，先在轮廓线上钻很多小孔，再根据通孔的形状、余量和精度要求，选择相应的锉刀进行加工（图 6–19）。

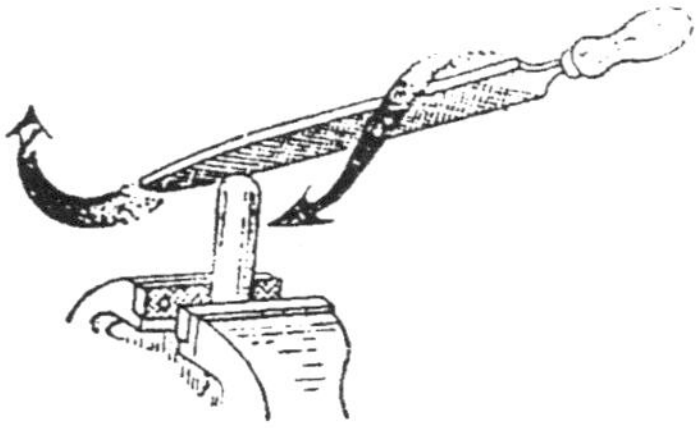

图 6－18　球面的锉法

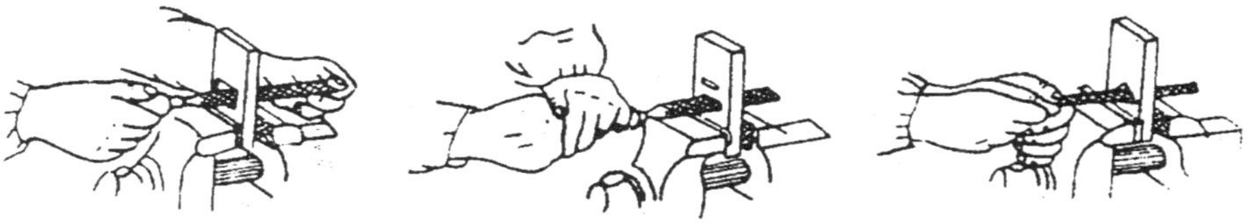

a）方形锉锉通孔　　b）平锉锉通孔　　c）三角锉锉通孔

图 6－19　锉通孔的方法

5. 锉削表面的打磨

对粗糙度要求较高的工件，在锉平后还要进行打磨，以提高锉削表面的质量。钳工常用细锉、油光锉、砂布或油石等打磨零件表面。

（1）用锉刀打磨

打磨时，为防止划伤工件表面，可先在锉面上涂一层粉笔末，并经常清除锉齿内的锉屑或操作压力不要过大（图 6–20）。

（2）用砂布和油石打磨

对表面粗糙度有一定要求的零件，用锉刀打磨后，可再用油石、砂布进一步打磨。为了操作方便，可把砂布贴紧在锉刀上，或将砂布缠在锉刀上进行打磨（图 6–21）。

打磨圆柱面时，可直接用手拉住砂布进行。

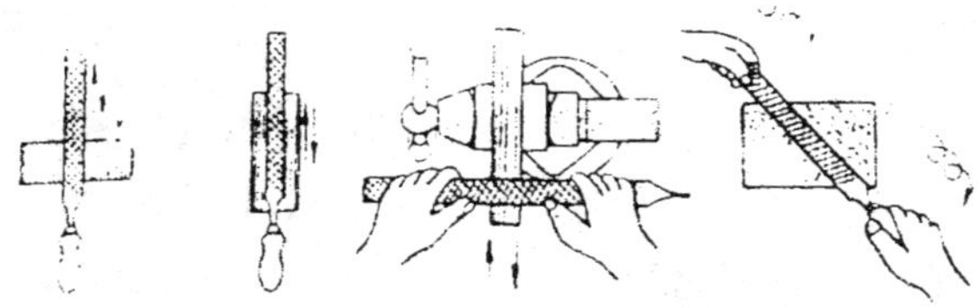

a）横纹加工　b）纵纹加工　c）圆纹加工

图 6－20　用锉刀打磨锉削面

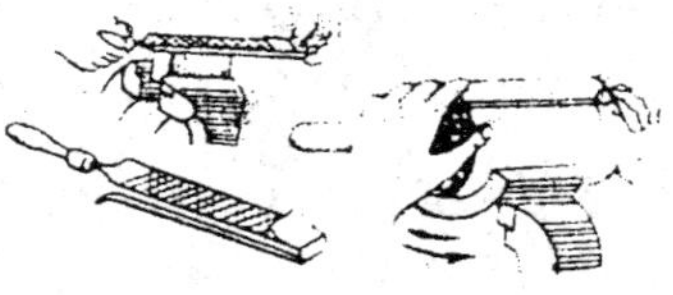

a）　b）

图 6－21　用纱布打磨锉削面

五、锉削质量的检查

1. 直线度的检查

（1）钢直尺（或刀口直尺）透光检查法

用大拇指、食指和中指捏住直尺的尺边，钢直尺应垂直放在擦净的工件表面上，每检查一个部位后要提起来再轻轻放在另一个待检部位，不能将钢直尺在工件表面上来回拉动，更不可与工件表面撞击。钢直尺应在加工面的横向、纵向和对角方向逐一进行检查，以观察其透光的均匀度。如钢直尺与工件平面间透光均匀，表明该平面是平直的；如透光强弱不一，表明该面高低不平。

（2）塞尺检查法

在平板上用塞尺检验时，应以左手施加些许压力，不致使塞尺塞动时工件产生移动。工件四周都要用塞尺进行检查。

2. 垂直度的检查

可用直角尺检查垂直度（透光法）。检查前先锉去各棱边的毛刺，然后选取基准面，以此为基准把直角尺的短边紧贴在此面上，对其他各面依次检查（图 6–22）。检查时，尺苗从上方轻轻放下，与垂直面接触，眼睛平视察看透光情况。角尺不可斜放，以免影响检查的准确度。在同一面上要变换检测位置时，不允许将角尺在工件表面拖动，应拿开后再轻放，以免磨损角尺，影响角尺的测量精度。

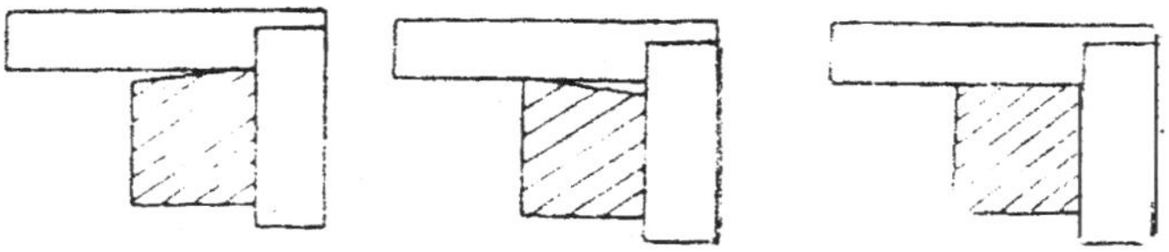

a）小于90°　　b）大于90°　　c）等于90°

图 6－22　垂直度的检查

3. 平行度和尺寸的检查

（1）用外卡钳和游标卡尺检测平面的平行度和尺寸。检查时，要在工件不同位置上多测几处。

用外卡钳测量时，其卡脚应与工件两个平面平行。

测量时，判断工件的误差用透光法和感觉法。

①透光法

测量时，外卡钳一只卡脚要始终抵住基准平面，观察卡脚和工件表面之间的透光度，以此来判断其尺寸精度和工件本身平行度的精度（粗测）（6–23a）。

②感觉法

测量时，外卡钳应向下垂直测量，利用卡钳自重和手感受松紧，以判断其尺寸精度和工件本身的平行度精度误差（细测量）（图 6–23b）。

（2）用游标卡尺可直接测得工件各处的尺寸误差，然后做尺寸和平行度精度的修正。

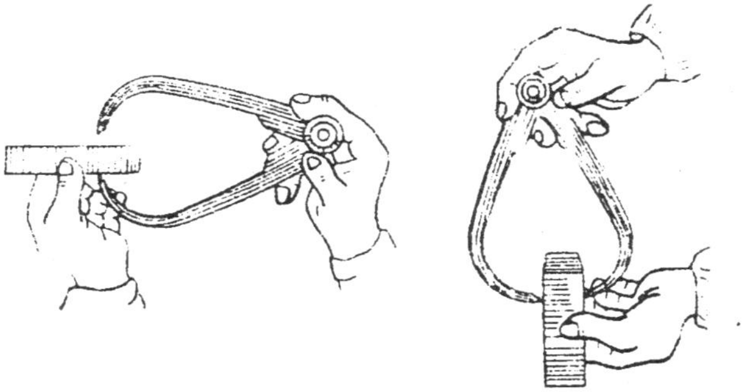

a）透光法　　b）感觉法

图 6－23　外卡钳测量方法

4. 表面粗糙度的检查

粗糙度的检查，一般用眼睛直接观察。若需要较准确的鉴定，可用表面粗糙度样板对照检查。

六、锉削时废品产生的原因及预防

1. 工件夹伤或表面损伤：夹持方法不正确或夹持力度过大，以致把工件夹伤或变形（如空心工件或精加工面等）；

2. 工件尺寸和形状不正确：主要是由于划线和锉刀的选用不正确，或操作技术不熟练，锉削过程中未及时检查而锉过了尺寸界限；

3. 平面上形成中凸、中凹或塌边、塌角：持锉不稳，用力不当或使用了中凹变形的再生锉刀；

4. 表面不光滑：多因粗、细锉选用不当，推锉方法不正确，粗锉时锉痕太深、精锉时无法去掉粗痕，打磨方法不正确等造成。

上述几点是锉削时产生废品的原因，可以通过在锉削过程中加以注意并熟练地掌握锉削技术来避免。

八、锉削的安全操作

1. 锉削时锉刀柄不应碰击工件，以防锉柄脱掉后锉刀舌滑出刺伤手；

2. 不准使用无柄锉刀（什锦锉除外），以防刺伤手掌；

3. 锉刀应放在台虎钳右侧的台面上，不准露出台外，以防落下摔断锉刀或伤人；

4. 锉刀不准当手锤或撬棍用，因其质脆、易折断；

5. 锉削时，锉屑应用毛刷刷掉；禁止用嘴吹，以防锉屑飞进眼里，也不准用手直接清除锉屑，以防伤手。

复习题

1. 锉刀的种类有哪些？

2. 如何根据加工对象正确选用锉刀？锉刀的光边有何作用？

3. 锉刀的使用和保养有哪些要求？

4. 顺向锉、交叉锉和推锉三种锉法各有哪些优缺点？如何正确使用？

5. 怎样检查平面的直线度、垂直度和平行度？

6. 工件表面不光滑的原因有哪些？

7. 试述锉削的安全操作。

第七章　锯削与手锯

一、锯削

用锯对材料工件进行切断或切槽等加工，称为锯削。它可以锯断各种原材料或半成品（图 7–1a），锯掉工件上的多余部分（图 7–1b）或在工件上锯槽（图 7–1c）等。

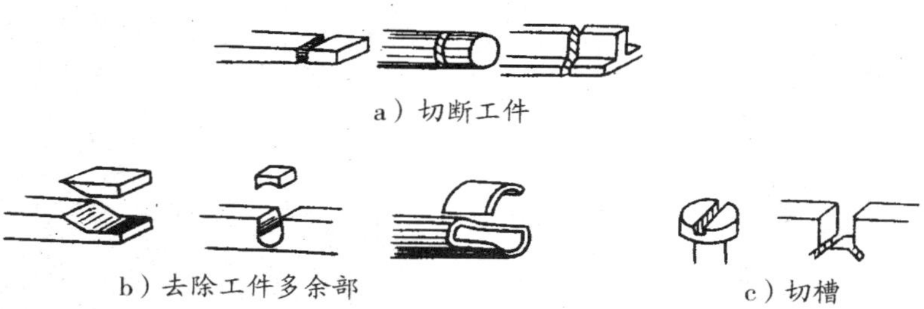

图 7－1　锯削的应用

二、手锯

手锯由锯弓和锯条两部分组成。

1. 锯弓

锯弓用于安装和张紧锯条，有固定式和可调节式两种（图 7–2）。

固定式锯弓只能安装一种长度的锯条；可调节式锯弓的安装距离可以调节，能安装多种长度的锯条。

锯弓两端都装有夹头，一端是固定的，另一端是活动的。当锯条装在两端夹头的销子上后，旋紧活动夹头上的翼形螺母就可以把锯条拉紧。

2. 锯条

锯条一般由渗碳软钢冷轧而成，经热处理淬硬。锯条的长度以两端安装孔的中心距离来表示，常用的为 300mm。

（1）锯齿的切削角度

锯条单面有齿，相当于一排同样形状的錾子，每个齿都有切削作用。锯齿的切削角度如图 7–3 所示。其前角 γ_0=0°，后角 α_0=40°，楔角 β_0=50°。

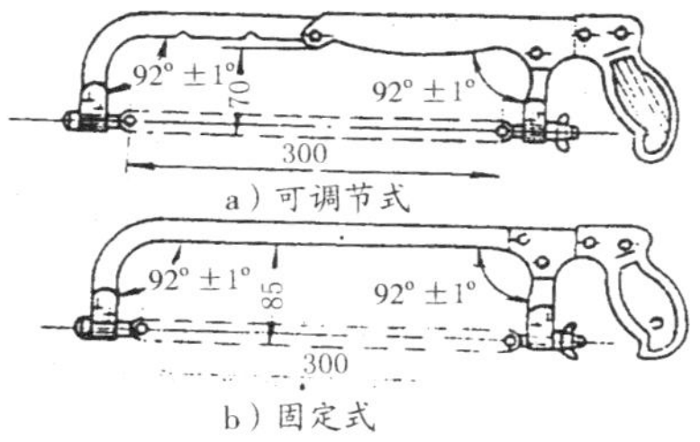

图 7 – 2　锯弓的形式

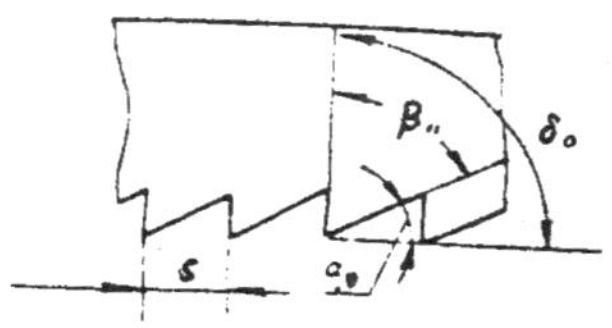

图 7 – 3　锯齿的切削角度

为了减少锯条的内应力，充分利用锯条材料，目前已出现双面有齿的锯条。此类锯条两边锯齿淬硬，中间保持较好韧性，不易折断，可延长使用寿命。

（2）锯齿的粗细

锯齿的粗细以锯条每 25mm 长度内的齿数表示。一般分粗、中、细三种，见表 7–1。

表 7-1　锯齿的粗细规格及应用

规格	每 25mm 长度内齿数	应用
粗	14 ~ 28	锯削软钢、黄铜、铝、铸铁、紫铜、人造胶质材料
中	22 ~ 24	锯削中等硬度钢、厚壁的钢管、铜管
细	32	薄片金属、薄壁管子
细变中	32 ~ 20	一般工厂用，易于起锯

一般来说，粗齿锯条的容屑槽较大，适用于锯削软材料或较大的切面。因为这种工况每次锯削产生的切屑较多，只有大容屑槽才不会发生堵塞而

影响锯削效率。

锯削硬材料、切面较小的工件应该用细齿锯条，因硬材料不易锯入，每次锯削产生的切屑较少，不易堵塞容屑槽；同时，细齿锯参加切削的齿数增多，可使每齿担负的锯削量小，锯削阻力小，材料易于切除，推锯省力，锯齿也不易磨损。

锯削管子和薄板时，必须用细齿锯条，否则会因齿距大于板厚，使锯齿被钩住而崩断。因此，锯削工件时，截面上至少要有两个以上的锯齿同时参与锯削，才能避免锯齿被钩住而崩断的现象。

（3）锯路

为了减少锯缝两侧对锯条的摩擦阻力，避免锯条被夹住或折断，在制造锯条时，会使锯齿按一定的规律左右错开，排列成一定形状，称之为锯路。锯路主要有交叉形和波浪形（图 7–4）。锯条有了锯路以后，会使工件上的锯缝宽度大于锯条背部的厚度，从而防止了“夹锯”和锯条过热，减少了锯条磨损。

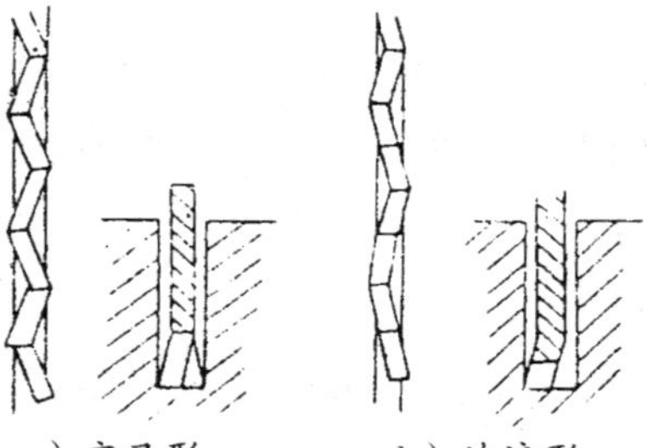

a）交叉形　　b）波浪形

图 7 – 4　锯齿的排列

（4）安装锯条的注意事项

手锯是在向前推动时才起切削作用，所以应按图 7–5a 所示方向安装锯条，不能装反（图 7–5b）。

把选好的锯条齿尖朝前装入夹头销钉，再用蝶形螺母调整锯条的松紧。锯条不可过松或过紧，过紧会失去锯条应有的弹性，容易折断；过松会使锯条发生扭曲，也容易折断，而且锯削时锯缝容易歪斜。一般以用两个手指的力量旋紧螺母时的松紧度为宜。此外，还要注意使锯条的平面与锯弓平面平行，不得倾斜或扭曲。

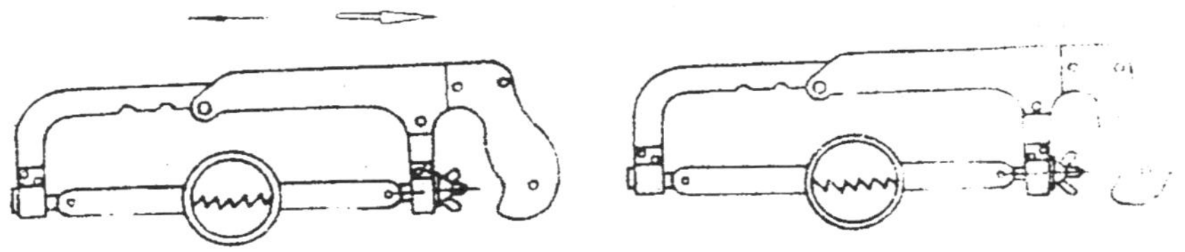

a）锯条的正确安装方式　　b）锯条的错误安装方式

图 7－5　锯条的安装

三、锯削的操作方法

1. 手锯的握法

右手满握手柄，左手轻扶锯弓前端（图 7–6）。

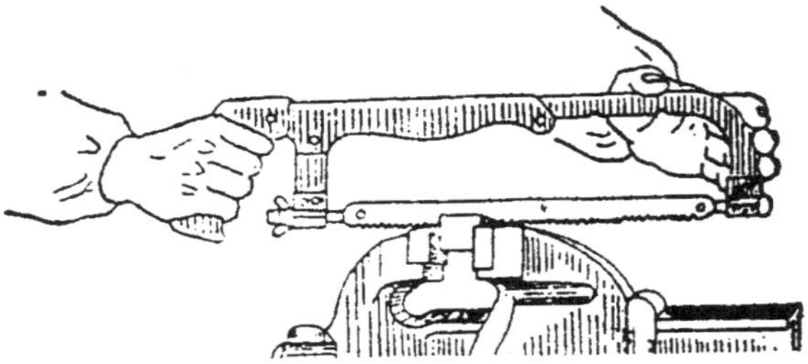

图 7－6　手锯的握法

2. 操作姿势

锯削时的站立位置和身体摆动姿势与锉削基本相同，且摆动要自然。

3. 操作注意事项

（1）压力

锯削运动时的推力和压力由右手控制，左手主要配合右手扶正锯弓，压力不要过大。应该在推锯时施加压力，回程时不施加压力，在工件将锯断时压力要小些。

（2）锯削运动和速度

锯削的往复运动有两种：一种是直线往复，适用于锯槽或薄形工件；

另一种为小幅度的上下摆动，即手锯推进时，身体略向前倾，在双手随着压向手锯的同时，左手稍上翘，右手下压，回程时，双手不施加压力，右手上抬，左手跟回，身体回到原来位置。摆动式锯削的操作自然，两手不易疲劳，且锯削效率较高，为常用的锯削方法。为使锯缝平直，在整个锯削过程中，要始终保持锯条平行于钳口侧边。

锯削时的压力和速度，应根据所锯工件材料的属性来决定。锯削硬质材料时，因锯条不易切入，速度应慢些，压力可大些；锯削软性材料时，压力要小些，速度稍快些，锯削速度每分钟 20 次 ~ 40 次。

（3）工件的夹持

工件一般应夹在台虎钳的左面，工件伸出不宜过长，锯缝离开钳口侧面约 20mm，并使锯缝与钳口侧面平行。

（4）起锯

起锯是锯削工作的开始，起锯方法是否正确，直接影响锯削质量。正确的起锯方法是用左手拇指靠住锯条，使锯条能准确地靠在起锯位置上，利用锯条的前端或后端，靠在工件一个面的棱边上起锯。起锯时的行程要短，压力要小，速度要慢，锯齿易“吃”进工件。

起锯有远起锯（图 7–7a）和近起锯（图 7–7b）两种。起锯角度要小，α 角约 10°，最少有三个齿同时接触工件。若起锯角度过大，锯齿会卡在工件的棱边上而把锯齿崩裂（图 7–7c）；没有起锯角度时，锯条容易滑脱，划伤工件表面，且不易按划线锯进。

起锯一般采用远起锯法，因远起锯时锯齿逐步切入材料，锯齿不易卡住，起锯比较方便。如采用近起锯法，可先向后拉手锯，使起锯时接触齿数增加后再向前推进，锯齿就不会被棱边卡住。起锯锯到槽深 2mm ~ 3mm 时，左手拇指可离开锯条，扶住锯弓逐渐使锯痕成为水平，再进行正常锯割。

锯削时，每次行程都应尽量利用锯条的有效长度，以延长锯条的使用寿命。为防止锯条发生高温退火，可在锯条上加润滑油或肥皂水冷却润滑。

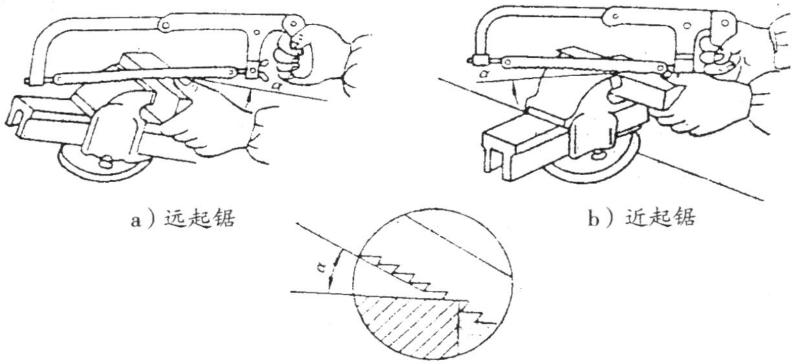

a）远起锯　　b）近起锯

c）起锯角度

图 7－7　起锯

四、锯削实例

1. 圆钢、扁钢的锯削

如果锯削的断面要求平整，则应连续锯削到底。锯削扁钢应从较宽的面起锯，连续锯到底。这样可使锯条来回次数减少，减小锯齿钩住和崩裂的概率，并增加锯条使用的有效长度，延长锯条寿命。对断面质量要求不高时，可从几个方向分别锯下，可不到中心，然后将其折断。注意不可单边锯半截而折断毛坯，否则，容易使折断线和所需的锯缝产生偏离，甚至造成废品。

2. 管子的锯削

锯削时，要把管子水平地夹在台虎钳内，若有条件可夹持在管子夹钳内，但应注意，不要把管子夹扁。薄壁管子应夹在木垫之间（图 7–8a）。锯削时，切不可一次从一个方向将管子锯到底，因为这样锯齿会被管壁钩住而崩裂。正确的方法是在管壁被锯透时，把管子向推锯方向转动一个角度，锯条仍然从原有的锯缝锯下，这样不断转着锯，直到锯断为止（图 7–8b）。操作时，为避免锯齿被卡住，管子一定要向推锯方向转动。

3. 型钢锯削

角钢和槽钢的锯法与扁钢锯法基本相同。工件须不断变更夹持位置，分面锯削，这样可得到光洁、正直的锯缝。

4. 薄板的锯削

锯削 3mm 以下规格的薄板时，两侧应用木板夹住，再夹在台虎钳上，连木板一起锯下（图 7–9）。这样既增加了板料的刚度，锯削时不会弹动，又避免锯齿被卡住，崩裂锯齿。

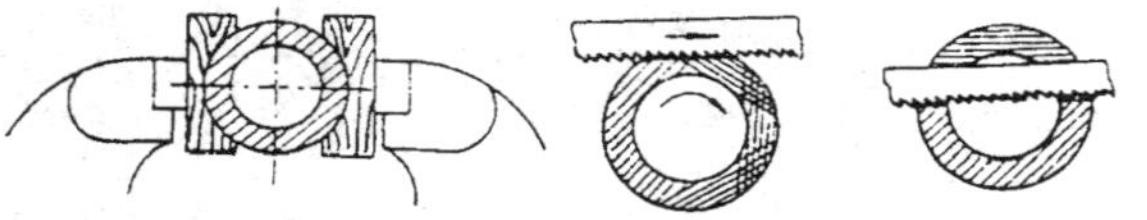

a）　　　　b）

图 7 – 8　锯削管子

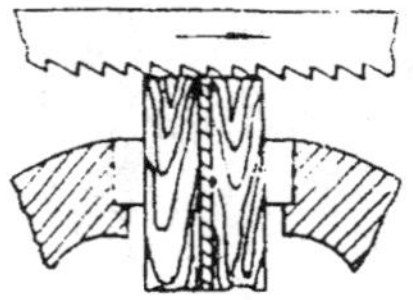

图 7 – 9　锯薄板的方法

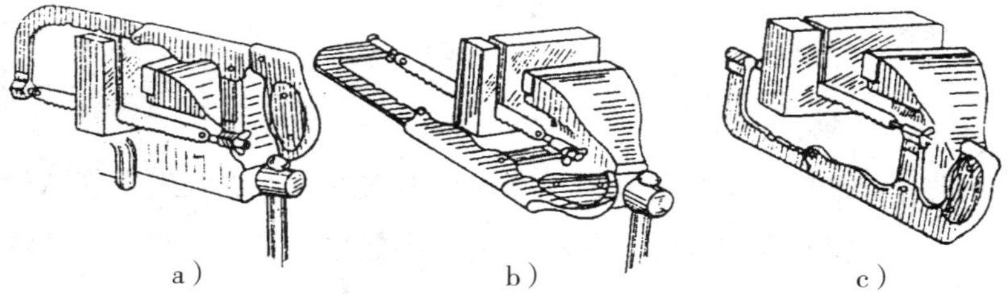

a）　　　　b）　　　　c）

图 7 – 10　深缝的锯削

5. 深缝锯削

当锯缝达到锯弓的高度时（图 7–10a），应将锯条在锯弓上转动 90°重新安装，把锯弓转到工件的旁边，再继续锯削。操作时，锯弓要放平，手握锯柄操作（图 7–10b）。也可把锯条安装成使锯齿朝向锯弓内面（图 7–10c），继续锯完为止。锯宽槽时，可同时多装几根锯条。

五、锯削时废品产生的原因及预防方法

锯削废品产生的原因及预防方法见表 7–2。锯削时，经常发生锯条损坏，其原因及预防方法见表 7–3。

表 7-2 锯削废品的产生及预防方法

形式	原因	预防方法
锯缝歪斜	1. 工件夹持不当 2. 用双面锯齿磨损不均的锯条 3. 压力过大，使锯条左右偏摆 4. 锯条因安装太松而扭曲 5. 锯弓未握正，或用力歪斜	1. 注意检查工件的夹持是否正确 2. 更换新锯条 3. 减轻压力 4. 重新调整锯条松紧 5. 注意操作姿势，使锯条背和锯缝在同一平面上
尺寸不对	1. 划线不准 2. 没有按线加工	1. 对照图纸尺寸仔细检查，正确划线 2. 削时要留有尺寸线

表 7-3 锯条的损坏原因及预防方法

形式	原因	预防方法
锯条折断	1. 工件未夹紧 2. 强行纠正斜缝 3. 锯条安装过松或过紧 4. 压力过大或用力突然偏斜 5. 旧锯缝使用新锯条 6. 停止锯削，锯弓未取出而碰断	1. 夹紧工件，使锯口靠近钳口 2. 缓速纠正或重开锯缝 3. 重新调整锯条松紧度 4. 正确操作，压力适当 5. 换新锯条时，应重新起锯锯削 6. 停止锯削，取下锯弓
锯齿脱落	1. 锯齿粗细选择不当（如薄板、管子用粗齿） 2. 起锯时角度太大 3. 推锯时，角度突然变化或摆动过大	1. 按工件硬度、形状重新选用锯齿粗细 2. 减小起锯角度 3. 缓慢改变角度，操作均匀，不要突然过大地摆动

对已崩齿的锯条，要立即进行修理，否则会使崩齿后的各齿相继崩裂，不能使用。修理时，可在砂轮上把崩裂的锯齿磨掉，并把后面几个锯齿磨低（图 7-11），即可继续使用。

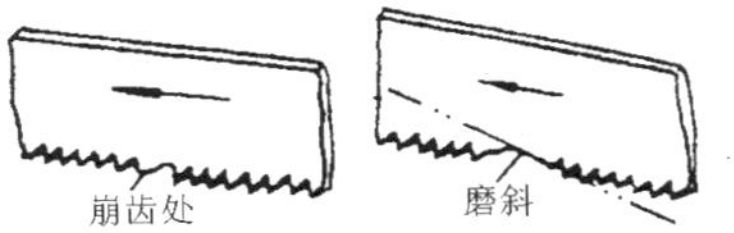

图 7－11　锯齿崩裂的处理

六、锯削的安全注意事项

1. 锯削时压力不可太大，速度要均匀，防止锯条折断崩出伤人。
2. 锯条不能安装得过松或过紧。
3. 在工件将要锯断时，必须用手扶着被锯下的部分，以防落下伤脚。
4. 不可使用无柄或无箍的直柄锯，以防尾尖刺伤手掌。
5. 重量较大的工件，可原地锯削，但必须支牢放稳后进行。

复习题

1. 锯齿为什么要制成有规则地向左右两边错开？
2. 如何根据不同锯削材料选用粗细齿锯条？
3. 为什么远起锯一般比近起锯好？起锯时应注意哪些事项？
4. 手锯操作时为什么要前后摆动？
5. 怎样锯削管子和薄板料？
6. 试分析锯条折断的原因及预防方法。

第八章　钻　孔

第一节　钻头及切削用量的选择

一、钻孔

用钻头在实体材料上加工孔的方法，称为钻孔。

1. 钻削运动

工件固定，钻头安装在钻床主轴上做旋转运动（称为主体运动），钻头沿轴线方向移动（称为进给运动）（图 8–1）。

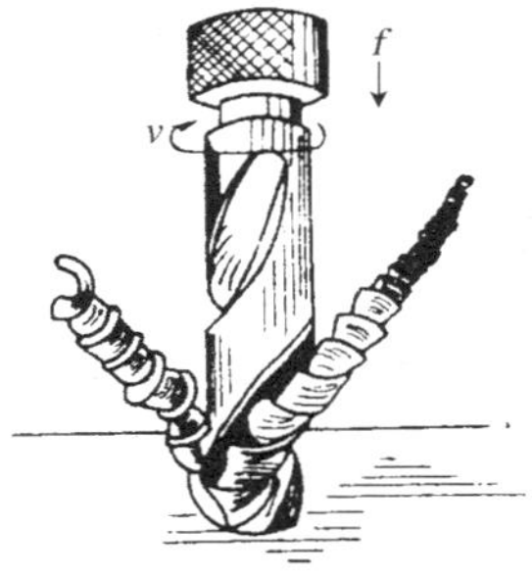

v– 主体运动；f– 进给运动

图 8 – 1　钻削运动分析

2. 钻削特点

钻削时钻头是在半封闭状态下进行切削的，转速高，切削量大，排屑又很困难。所以，钻削加工有如下几个特点：

（1）摩擦严重，需要较大的钻削力。

（2）产生的热量多，而且传热、散热困难，切削温度较高。

（3）钻头的高速旋转和较高的切削温度，造成钻头磨损严重。

（4）由于钻削时的挤压和摩擦，容易产生孔壁的冷作硬化现象，给下一道工序增加困难。

（5）钻头细而长，钻孔容易产生振动。

（6）加工精度低，尺寸精度只能达到 IT11 ~ IT10，粗糙度只能达到 Ra100 ~ Ra25。

二、麻花钻

1. 麻花钻的构成

麻花钻一般由高速钢（W18Cr4V 或 W9Cr4V2）制成，淬火后速度可达 HRC62 ~ HRC68。麻花钻由柄部、颈部及工作部分组成（图 8–2）。

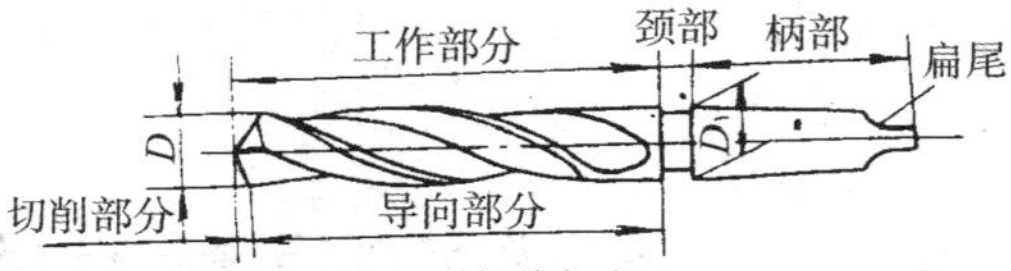

a）锥柄式

b）柱柄式

图 8 – 2　麻花钻构成

柄部是钻头的夹持部分，用以定心和传递动力，有锥柄和柱柄两种，一般直径小于 13mm 的钻头做成柱柄，直径大于 13mm 的做成锥柄，具体规格见表 8–1。

表 8–1　莫氏锥柄的大端直径及钻头直径　（mm）

莫氏锥柄号	1	2	3	4	5	6
大端直径 D_1	12.240	17.980	24.051	31.542	44.731	63.760
钻头直径 D	~ 15.5	15.6 ~ 23.5	23.6 ~ 32.5	23.6 ~ 49.5	49.6 ~ 65	~ 80

颈部用于磨制钻头供砂轮退刀，钻头的规格、材料和商标一般都刻印在颈部。

麻花钻的工作部分分为切削部分和导向部分。

导向部分用来保持麻花钻工作时的正确方向，在钻头重磨时，导向部分逐渐变为切削部分投入切削工作。导向部分有两条螺旋槽，作用是形成切削刃并容纳和排除切屑，同时便于切削液沿着螺旋槽输入。导向部分的外缘有两条棱带，它的直径略有倒锥（每 100mm 长度内，直径向柄部减少 0.05mm ~ 0.1mm）。这样既可以引导钻头切削时的方向，使它不致偏斜，又可以减少钻头与孔壁的摩擦。

麻花钻的切削部分如图 8–3 所示。它有两个刀瓣，每个刀瓣可看作是一把外圆车刀。两个螺旋槽表面就是前刀面，切屑沿其排出。切削部分顶端的两曲面叫后刀面，它与工件的切削表面相对。钻头的棱带是与已加工表面相对的表面，称为副后刀面。前刀面和后刀面的交线称为主切削刃，两处后刀面的交线称为横刃，前刀面与副后刀面的交线称为副切削刃。标准麻花钻的切削部分由五刃（两条主切削刃、两条副切削刃和一条横刃）、六面（两个前刀面、两个后刀面和两个副后刀面）组成。

2. 标准麻花钻的切削角度

为了弄清麻花钻的切削角度，先确定切削角度的辅助平面——基面、切削平面、主截面和柱截面的位置。

（1）麻花钻的辅助平面

图 8–4 所示为麻花钻主切削刃上任意一点的辅助平面，其基面、切削平面和主截面相互垂直。

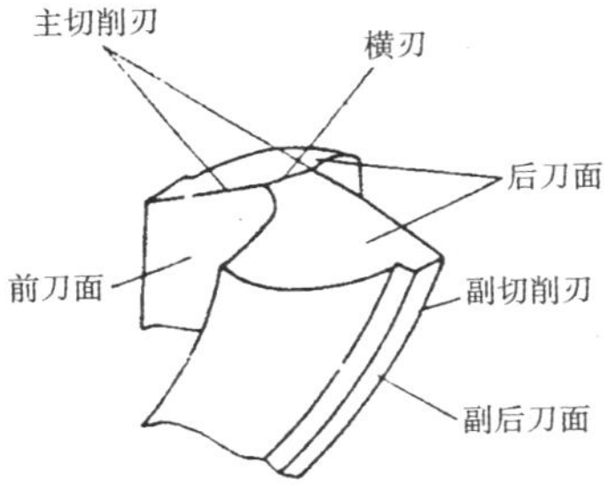

图 8 – 3　麻花钻切削部分的构成

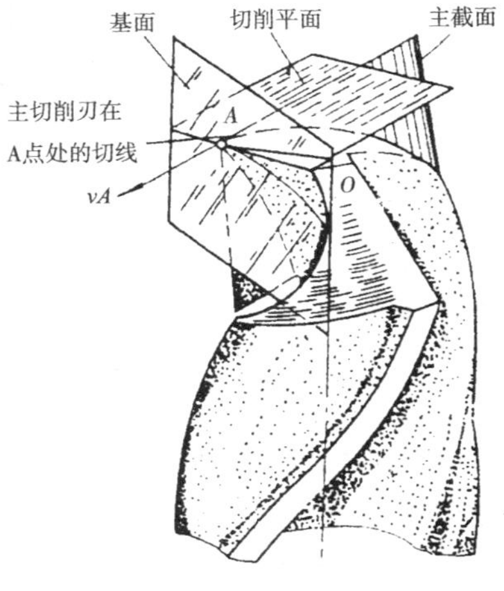

图 8 – 4　麻花钻的辅助平面

①切削平面

麻花钻主切削刃上任一点的切削平面，可理解为是由该点的切削速度方向与该点切削刃的切线所构成的平面。此时的加工表面看成是一圆锥面，钻头主切削刃上任一点的切削速度方向是以该点到钻心的距离为半径、钻心为圆心所做圆周的切线方向，也就是该点与钻心连线的垂线方向，标准麻花钻主切削刃为直线，其切线就是钻刃本身。切削平面即为该点切削速度与钻刃构成的平面（图 8–4）。

②基面

切削刃上任一点的基面，是通过该点且与该点切削速度方向垂直的平面，实际上是通过该点与钻心连线的径向平面。由于麻花钻两主切削刃不通过钻心，而是平行并错开一个钻心厚度的距离，因此，钻头主切削刃上各点的基面是不同的。

③主截面

通过主切削刃上任一点并垂直于切削平面和基面的平面。

④柱截面

通过主切削刃上任一点做与钻头轴线平行的直线，该直线绕钻头轴线旋转所形成的圆柱面的切面。

（2）标准麻花钻头的切削角度

图 8–5 所示为标准麻花钻的切削角度。

①前角 γ_0

在主截面（图 8–5 中 N_1–N_1 或 N_2–N_2）内，前刀面与基面之间的夹角称为前角。由于麻花钻的前刀面是一个螺旋面，沿主切削刃各点倾斜方向不同，所以主切削刃各点前角的大小不相等。近外缘处前角最大，可达 γ_0=30°；自外缘向中心逐渐减小，在钻心至 D/3 范围内为负值；横刃处 $\gamma_{0横}$=–54°～–60°；接近横刃处的前角 γ_0=–30°。前角大小决定着切除材料的难易程度和切屑在前刀面上的摩擦阻力。前角越大，切削越省力。

②后角 α_0

在柱截面内，后刀面与切削平面之间的夹角，称为后角（图 8–5）。主切削刃上各点的后角刃磨不等，外缘处后角较小，愈接近钻心后角愈大，直径 D=15mm～30mm 的钻头，外缘处 α_0=9°～12°；钻心处 α_0=20°～26°；横刃处 $\alpha_{0横}$=30°～60°。

③顶角 2ϕ

麻花钻的顶角又称锋角或钻尖角，它是两主切削刃在其平行平面 *M–M* 上的投影之间的夹角（图 8–5）。顶角的大小可根据加工条件，在钻头刃磨时决定。标准麻花钻的顶角 $2\phi=118° \pm 2°$ ，这时两主切削刃呈直线形。若 $2\phi > 118°$ 时，则主切削刃呈内凹形；$2\phi < 118°$ 时，主切削刃呈外凸形。顶角的大小影响主切削刃上轴向力的大小。顶角越小，则轴向力越小，外缘处刀尖角 ε 增大，有利于散热和提高钻头耐用度；但顶角减小后，在相同条件下，钻头所受的扭矩增大，切屑变形加剧，排屑困难，会妨碍冷却液的进入。

④横刃斜角 ϕ

ϕ 是横刃与主切削刃在钻头端面内的投影之间的夹角。它是在刃磨钻头时自然形成的，其大小与后角、顶角大小有关。后角刃磨正确的标准麻花钻，$\phi=50° \sim 55°$；当后角磨得偏大时，横刃斜角就会减小，而横刃的长度会增大（图 8–5）。

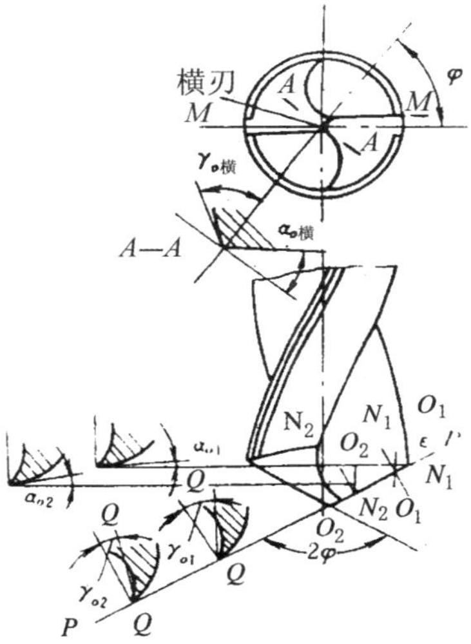

图 8 – 5 标准麻花钻的切削角度

三、钻削用量及其选择

1. 钻削用量

钻削用量包括切削速度、进给量和切削深度三要素。

（1）钻削时的切削速度（v）是指钻孔时钻头直径上一点的线速度。可由下式计算：

$$v=\frac{\pi Dn}{1000}\ (\text{m/min})$$

式中

D——钻头直径，mm；

n——钻床主轴转速，r/min。

（2）钻削时的进给量（f）是指主轴每转一转钻头对工件沿主轴轴线的相对移动量，单位是 mm/r（图 8–6）。

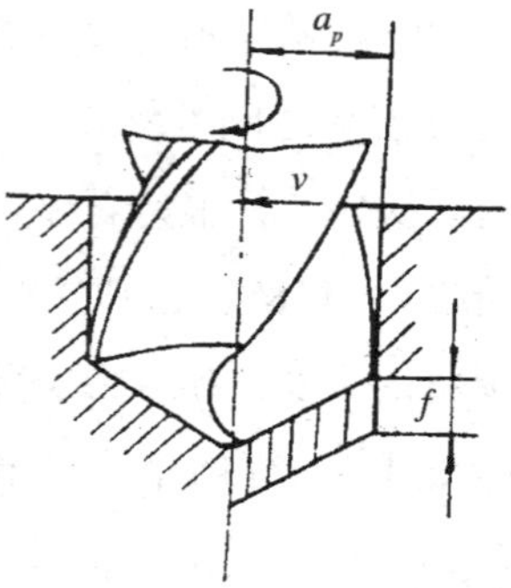

图 8 – 6　钻削用量

（3）切削深度（a_p）是指已加工表面与待加工表面之间的垂直距离，也可以理解为一次走刀所能切下的金属层厚度。对钻削而言，$a_p=D/2$（mm）。

2. 钻削用量的选择

（1）选择钻削用量的原则

选择钻削用量的目的，是在保证加工精度、表面粗糙度及刀具合理寿命的前提下，使生产率最高，同时不允许超过机床的功率以及机床、刀具、工件等的强度和刚度的承受范围。

钻孔时，由于切削深度已由钻头直径确定，所以只需选择切削速度和进给量。

切削速度 v 和进给量 f 对钻孔生产率的影响是相同的；但对钻头寿命的影响，切削速度 v 比进给量 f 大；对孔的粗糙度的影响，进给量 f 比切削速度 v 大。综合以上影响因素，钻孔时选择切削用量的基本原则是：在允许范围内，尽量先选较大的进给量 f，当 f 受到表面粗糙度和钻头刚度的限制时，再考虑较大的切削速度 v。

（2）钻削用量的选择方法

①切削深度的选择

直径小于 30mm 的孔要一次钻出；直径为 30mm ~ 80mm 的孔可分两次钻削，先用直径为（0.5mm ~ 0.7mm）D（D 为要求的孔径）的钻头钻底孔，然后用直径为 D 的钻头将孔扩大。这样可以减小切削深度及轴向力，保护机床，同时提高钻孔质量。

②进给量的选择

高速钢标准麻花钻的进给量可参考表 8-2 选取。若孔的精度要求较高且表面粗糙度值要求较小时，应取较小的进给量；当钻孔较深、钻头较长、刚度和强度较差时，也应取较小的进给量。

表 8-2 高速钢标准麻花钻的进给量

钻头直径 D（mm）	< 3	3 ~ 6	> 6 ~ 12	> 12 ~ 25	> 25
进给量 f（mm/r）	0.025 ~ 0.5	> 0.05 ~ 0.10	> 0.10 ~ 0.18	> 0.18 ~ 0.38	> 0.38 ~ 0.62

③切削速度的选择

当钻头的直径和进给量确定后，切削速度应按钻头的寿命选取合理的数值，一般根据经验选取，可参考表 8.3。当孔深较大时，应取较小的切削速度。

表 8-3 高速钢标准麻花钻的切削速度

加工材料	硬度 HB	切削速度 v（m/min）
低碳钢	100 ~ 125 > 125 ~ 175 > 175 ~ 225	27 24 21
中、高碳钢	125 ~ 175 > 175 ~ 225 > 225 ~ 275 > 275 ~ 325	22 20 15 12
合金钢	175 ~ 225 > 225 ~ 275 > 275 ~ 325 > 325 ~ 375	18 15 12 10
灰铸铁	100 ~ 140 > 140 ~ 190 > 190 ~ 220 > 220 ~ 260 > 260 ~ 320	33 27 21 15 9

加工材料	硬度 HB	切削速度 v（m/min）
可锻铸铁	110 ~ 160 > 160 ~ 200 > 200 ~ 240 > 240 ~ 280	42 25 20 12
球墨铸铁	140 ~ 190 > 190 ~ 225 > 225 ~ 260 > 260 ~ 300	30 21 17 12
铸钢 低碳 中碳 高碳		24 18 ~ 24 15
铝合金、镁合金		75 ~ 90
铜合金		20 ~ 48
高速钢	200 ~ 250	13

四、麻花钻头的刃磨方法

钻头刃磨的目的是将钝或损坏的钻头的切削部分重新磨成正确的所需要的几何形状，使钻头保持良好的钻削性能。钻头刃磨的正确与否，对于钻孔质量和效率都有直接影响。所以，在刃磨时，要根据所选择的钻头角度认真仔细地修磨。

1. *磨钻头的主切削刃*

磨钻头时，工作者站在砂轮机旁边，用右手握住钻头的前端（也可用左手），靠在砂轮机的托架上（图 8–7a），左手握住钻柄，使钻头的轴线和砂轮面成 $\phi/2$ 角度，并使钻身向下倾斜 α 角（8° ~ 15°）；切削刃要在砂轮的中心线以上，轻轻地接触砂轮，左手握住钻头的柄部，按顺时针方向捻转，钻柄向下摆动的角度约等于后角（图 8–7b）。照此方法反复刃磨几次，再磨另一个刃，即可磨出顶角、后角和横刃斜角。

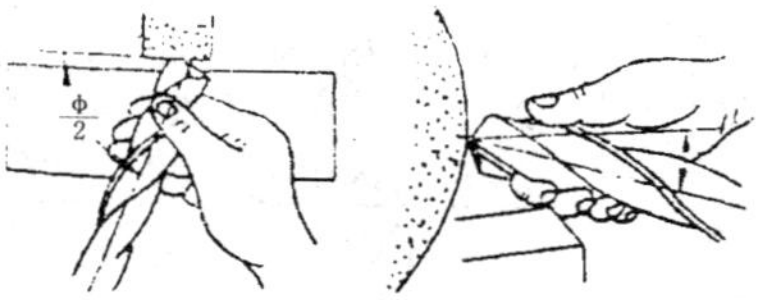

a）　　b）

图 8 – 7　磨主切削刃

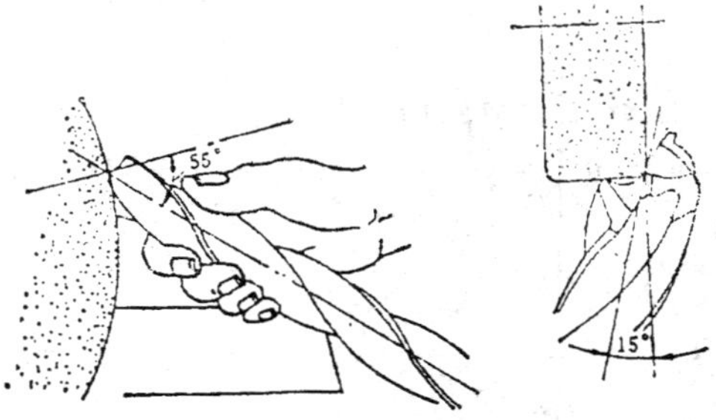

a）侧视　　b）顶视

图 8 – 8　修磨横刃

2. *修磨横刃*

修磨横刃时，钻头与砂轮的相对位置如图 8–8 所示，钻头与砂轮呈 15° 角，侧视约为 55° 角。刃磨时，钻头的刃背与砂轮接触，磨削点逐渐向钻心处移动，直到磨出内刃前面。磨时钻头略有转动，磨到钻心处时，应保证内刃斜角和横刃长度的准确性。

3. *刃磨钻头的要求*

（1）两个主切削刃要对称等长，各呈一条直线型。

（2）顶角尖应为钻头轴线平分的顶角点，可用样板检查（图 8–9）。

（3）钻头磨完后也可目测检查，将钻头切削部分朝上，两眼平视刃口，由于两个切削刃是一前一后，很容易产生视角误差，所以必须把钻头转过一定的角度使两切削刃前后平行，再观察是否等长且高度一致。

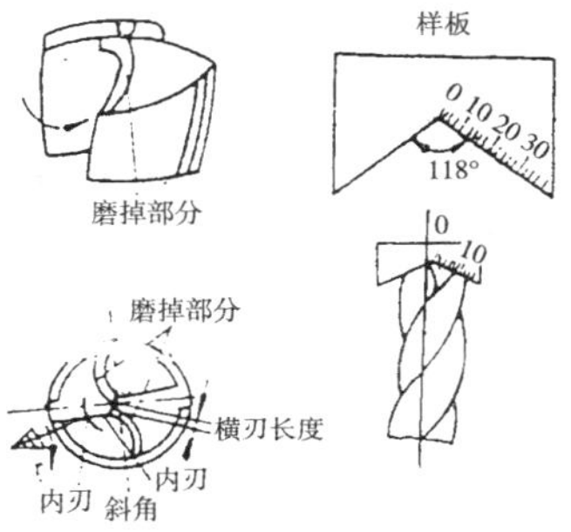

图 8－9　麻花钻头顶角的检查方法

（4）刃磨时，钻头柄部不能高于钻头的前部或砂轮中心线，同时应由刃口磨向刃背。为了防止钻头退火，磨削时施加压力要小，并经常蘸水冷却。

第二节　钻孔机械

常用的钻孔机械有手动和机动两种。手动钻孔机械有手扳钻、手摇钻，机动钻孔机械有手电钻、台式钻床、立式钻床及摇臂钻床等。

一、手摇钻

手摇钻可分为手式和胸式两种（图 8–10）。通过用手摇动手柄，使大伞齿轮旋转，从而带动小伞齿轮和钻轴旋转进行钻孔，常用于钻材料较软或孔径较小的工件，或在机动钻孔不方便的情况下使用。

二、手电钻

手电钻（图 8–11）是一种手提式电动工具。在装配大型夹具和模具时，当受工件形状或加工部件的限制不能用钻床钻孔时，则可使用手电钻。

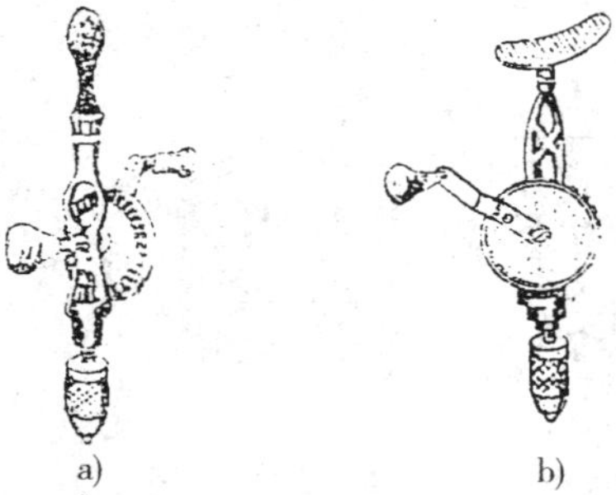

图 8 – 10　手动的钻孔工具

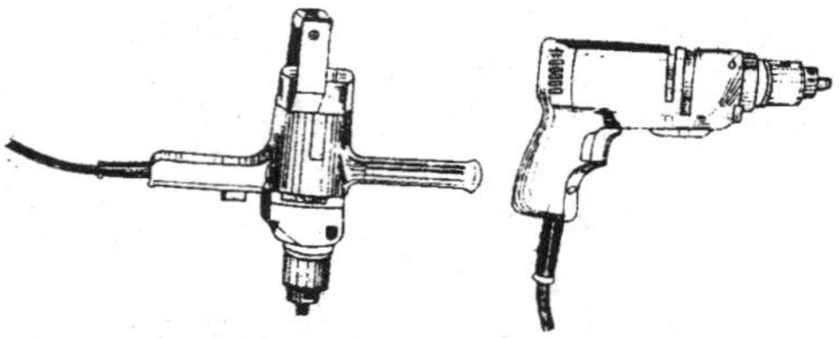

图 8 – 11　手电钻

手电钻的电源电压分单相（220V、36V）和三相（380V）两种。采用单相电压的电钻规格有 6mm、10mm、13mm、19mm、23mm 等五种；采用三相电压的电钻规格有 13mm、19mm、23mm 等三种，在使用时可根据不同情况进行选择。

使用电钻时必须注意以下两点：

（1）使用前，须开机空转 1min，检查传动部分工作是否正常，如有异常，应排除故障后再使用。

（2）钻头必须锋利，钻孔时不宜用力过猛。当孔将要钻穿时，应相应减轻压力，以防事故发生。

三、台钻

台钻结构简单，操作方便，常用于小型零件上钻扩直径 12mm 以下的孔，图 8–12 为 Z4012 台钻的总体结构。

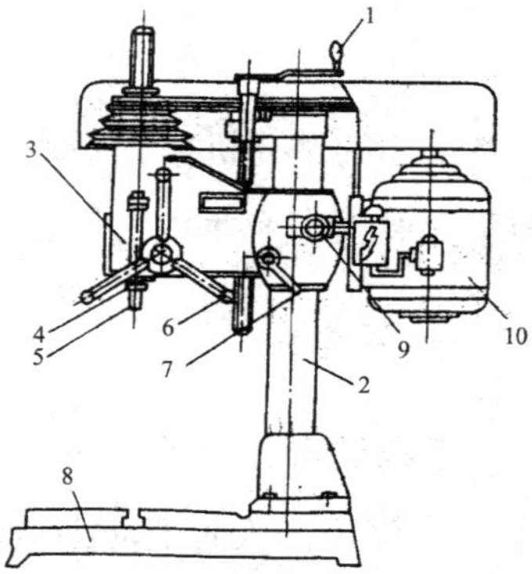

1- 摇把；2- 立柱；3- 头架；4- 锁母；5- 主轴；6- 进给手柄；7- 锁紧手柄；8- 工作台；9- 紧固螺钉；10- 电机

图 8 – 12　Z4012 型台钻

1.Z4012 型台钻的技术规格

最大钻孔直径	12mm
主轴下端锥度	莫氏 2 号短型
主轴最大行程	100mm
主轴中心线至立柱表面距离	193mm
主轴端面到底座面距离	20mm ~ 240mm
电动机功率	0.6kW
主轴转速	480r/min ~ 4100r/min，分 5 级
主轴绕立柱回转角度	360°
机床外形尺寸（长 × 宽 × 高）	690mm × 350mm × 695mm

2.Z4012 型台钻的结构

（1）机头

头架 3 安装在立柱 2 上，用手柄 7 锁紧；主轴 5 装在头架孔内；头架右侧为进给手柄 6；主轴下端的锁母 4 供更换或卸下钻夹头时使用。

（2）立柱

截面为圆形，顶部是机头升降机构，当机头靠旋转摇把 1 上升到所需高度后，应将手柄 7 旋紧，将机头锁住。

（3）电动机

松开螺钉 9，可推动电机托板带动电机前后移动，借以调节 V 带的松紧。

（4）底座

中间有 T 形槽，用于装夹工件或夹具；四角有安装用的螺栓孔。

（5）电气部分

操作转换开关（又称倒顺开关）可使主轴正转、反转或停机。

四、立式钻床

图 8–13 是 Z525 型立式钻床的外形图。

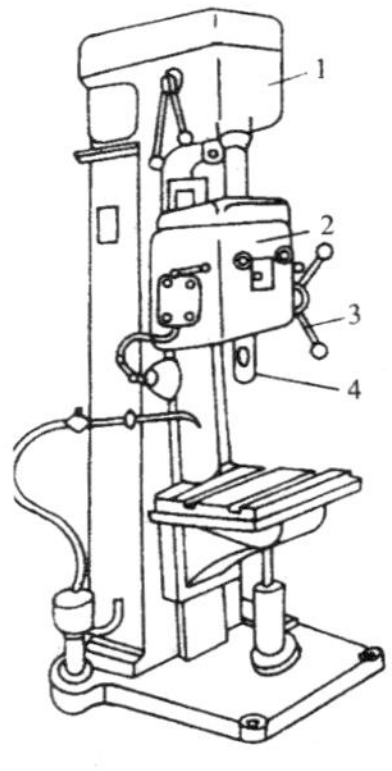

1- 变速箱；2- 进给箱；
3- 进给手柄；4- 主轴

图 8 – 13　Z525 型立式钻床

1.Z525 型立式钻床的技术规格

最大钻孔直径	25mm
主轴锥孔锥度	莫氏 3 号锥度
主轴最大行程	175mm
进给箱行程	200mm
主轴中心线到导轨面距离	250mm
工作台面积	500mm × 375mm
主轴端面至工作台面距离	0 ~ 700mm
主轴端面到底座距离	725mm ~ 1100mm
主电动机功率	2.8kW
主轴最大扭矩	250N·m
主轴最大进给力	9000N
主轴转速	97r/min ~ 1360r/min，分 9 级
主轴进给量	0.1mm/r ~ 0.81mm/r，分 9 级
冷却泵电动机功率及流量	0.125kW，22L/min
机床外形尺寸（长 × 宽 × 高）	962mm × 825mm × 2300mm

2.Z525 型立式钻床的传动系统（图 8–14）

该机床的切削工作由两种运动来完成，即主轴的主体（旋转）运动和主轴的进给（轴向进给）运动。

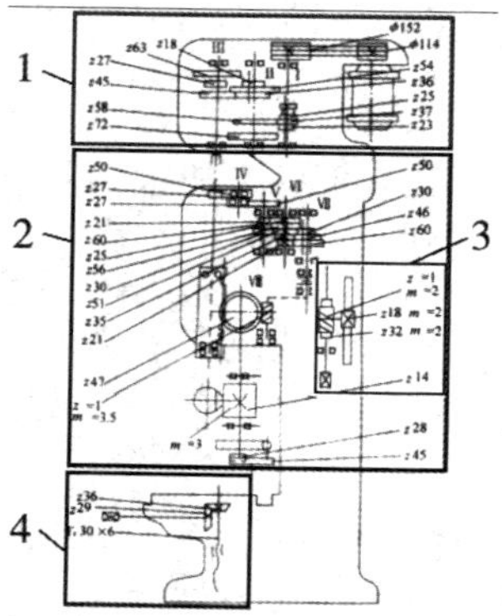

框 1- 主体运动；框 2- 进给运动；
框 3- 进给箱升降运动；框 4- 工作台升降运动

图 8 – 14　Z525 型立式钻床

（1）主体运动

机床的动力来源是装在变速箱后的主电动机（n=1420r/min）。它通过一对 V 带带轮（直径 114mm 及直径 152mm）将运动传给变速箱轴 Ⅰ。轴

Ⅰ上的三联滑动齿轮又将运动传给轴Ⅱ，使轴Ⅱ得到三种转速。轴Ⅱ上的三联滑动齿轮再将运动传给轴Ⅲ，使轴Ⅲ得到九种转速。轴Ⅲ是带内花键的空心轴，主轴上端的花键与它相配合，即可得到九种转速。

（2）进给运动

该钻床的进给运动有手动进给和机动进给两种。手动进给是靠手动控制，而机动进给是靠进给箱内的传动系统控制。主轴经 Z27 将运动传递给进给箱内的轴Ⅳ，轴Ⅳ经空套齿轮将运动传给轴Ⅴ。轴Ⅴ为空心轴，轴上三个空套齿轮内装有拉键，通过改变拉键与三个空套齿轮键槽的相对位置，就可使轴Ⅵ得到三种转速。轴Ⅵ上有五个固定齿轮，通过改变轴Ⅶ上三个空套齿轮键槽与拉键的相对位置，就可使轴Ⅶ获得九种转速。再经过轴Ⅶ上钢球安全离合器，使蜗杆（Z1）带动蜗轮（Z47）旋转，最后再通过与蜗轮同轴的小齿轮（Z14）将运动传递给主轴组件的齿条，从而使旋转运动变为主轴轴向移动的进给运动。

（3）辅助运动

①进给箱的升降运动

摇动手柄使蜗杆（Z1）带动蜗轮（Z32）转动，再通过与蜗轮同轴的齿轮（Z18）与固定在立柱上的齿条啮合，带动进给箱升降运动。应当注意当进给箱移动到合适位置时应压紧才能进行切削运动。

②工作台升降运动

摇动工作台升降手柄，使锥齿轮（Z29）带动锥齿轮（Z36）转动，然后通过与锥齿轮（Z36）同轴的丝杠（Tr30 × 6）旋转，使工作台做升降运动。

五、摇臂钻床

摇臂钻床适用于加工中、小型零件，可以进行钻孔、扩孔、铰孔、锪平面及攻螺纹等工作。

1.Z3040 型摇臂钻床的技术规格

最大钻孔直径	40mm
主轴锥孔锥度	莫氏 4 号锥度
主轴最大行程	315mm
主轴中心线至立柱母线最大距离	1250mm
主轴箱水平移动距离	900mm
主轴端面至底座工作面距离	350mm ~ 1250mm
摇臂升降距离	600mm
摇臂升降速度	1.2m/min
摇臂回转角度	360°
主轴转速	25r/min ~ 2000r/min
主轴进给量	0.04mm/r ~ 3.2mm/r
刻度盘每转钻孔深度	122.5mm
主轴最大扭矩	400N · m
主轴最大进给力	16000N
主电动机功率	3kW
机床轮廓尺寸（长 × 宽 × 高）	2170mm × 1035mm × 2625mm
机床质量	3200kg

2. 钻床的操纵

Z3040 型摇臂钻床的操纵见图 8–15、图 8–16。

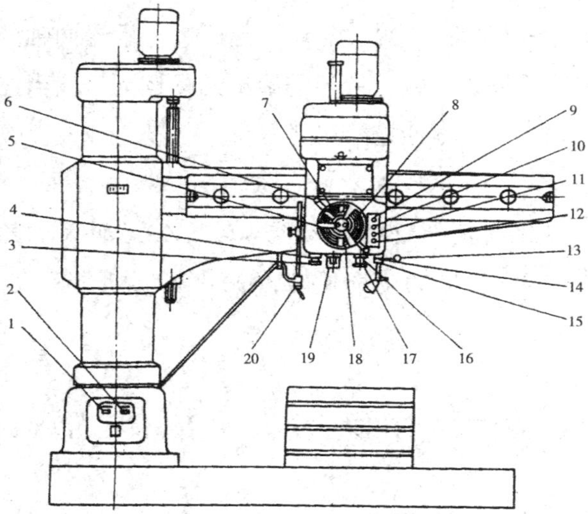

图 8 – 15　摇臂钻床操纵图

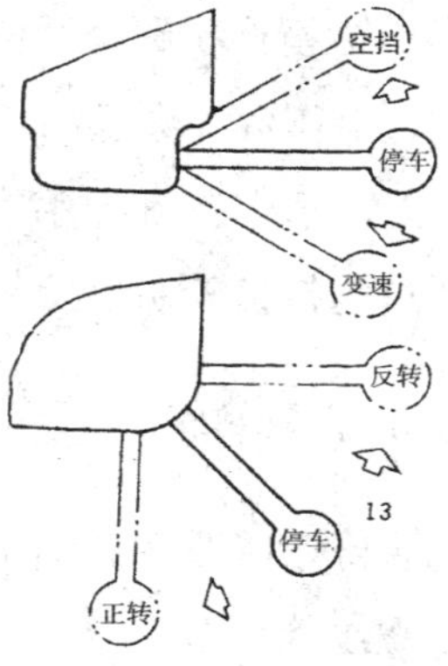

图 8 – 16　手柄 13 操纵位置图

第三节　钻头夹具和钻孔方法

一、钻头夹具

1. 钻夹头

钻夹头是用来夹持钻柄为圆柱形钻头的夹具，其结构如图 8–17a 所示。夹头体（1）上面有一个莫氏锥形盲孔，是装在钻床主轴上用的；本体有三个优质斜孔，孔内装有带螺纹的夹爪（4），夹爪外装有一个内螺纹圈（5）；夹头套筒（2）套装在本体上并和内螺纹圈紧密配合，夹头套筒下端有伞形齿轮，钥匙（3）上有小伞齿轮，当钥匙插入本体的径向孔内时，两个伞齿轮相啮合；用手转动钥匙，带动夹头套筒旋转，使夹爪上下移动，三个夹爪同时张开或合拢，把钻头卸下或夹住。

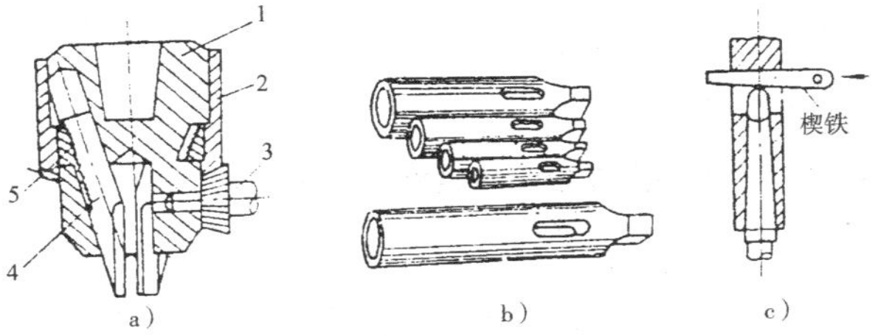

1- 夹头体；2- 夹头套筒；3- 钥匙；4- 夹爪；5- 内螺纹圈

图 8 – 17　钻头夹具

2. 钻套和楔铁

钻套是用来装钻柄为锥形钻头的夹具（图 8–17b）。由于钻头的锥柄规格不同，为适应钻床和钻头的需要，常用不同规格的锥体钻套作过渡连接。钻套以莫氏锥度为标准，由不同规格组成。楔铁是用来从钻套中卸下钻头的工具（图 8–17c）。

二、工件的装夹

钻孔时，为了保证工件质量和人身安全，对工件要夹持牢固、正确（特别是中、大型工件），常用的夹具有手虎钳、平口钳、V 形铁、弯板和压板等（图 8–18）。手虎钳适用于夹持小型工件和薄板工件；平口钳适用于夹持中、小型工件；V 型铁用于支撑圆柱形工件并和压板配合使用；直角板适用于某些异型工件，当工件不能直接在钻床工作台上装夹时，可借助直角板，将工件装夹在直角板上钻孔。

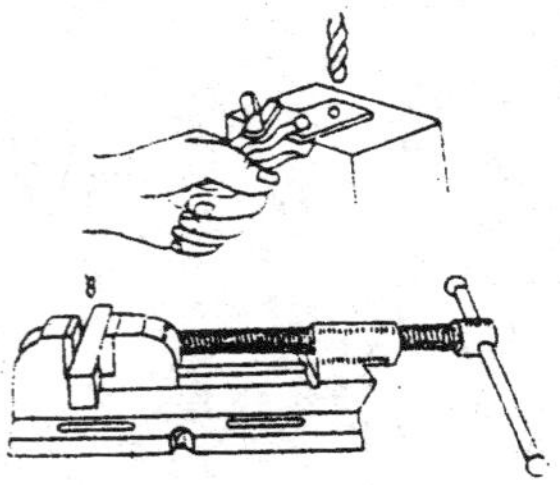
图 8 – 18　工件的夹持

三、钻孔方法

1. 钻孔前的准备

（1）将划好线的工件，按图纸进行校对，检查无误后打好冲眼；

（2）开车检查钻床运转及润滑情况，清扫钻床工作台；

（3）在钻床上安装好钻头和固定工件；

（4）选择好切削用量和润滑液。

2. 钻孔步骤

（1）使钻头顶尖对准待钻孔的中心，开车先锪浅窝，检查钻孔是否偏斜；

（2）钻孔开始后，如发现钻孔中心不正，可用尖錾在孔的偏斜相反方向錾一些槽进行纠正；钻较小的孔时若发生偏斜，可直接用样冲纠正；

（3）钻头对正后，再把工件重新紧固一次，重新开车钻孔，并及时加冷却润滑液；

（4）钻通孔，即将钻透时，必须减少压力（进刀量）直到钻透。

四、钻孔废品产生的原因及预防方法

钻孔时产生废品是由多种因素造成的，简列于表 8–4 中。钻头折断和损坏的原因见表 8–5。

表 8-4 钻孔时废品产生的原因

废品形式	产生原因
孔径大于规定尺寸	1. 钻头两切削刃长度不等，角度不相称 2. 钻头摆动（钻头弯曲、钻床主轴摆动、钻头未装夹好）
孔壁粗糙	1. 钻头不锋利 2. 进刀量太大 3. 后角太大 4. 冷却润滑不充足或润滑性能不好
钻孔偏移	1. 划线或冲眼不准 2. 工件装夹不稳固 3. 钻头横刃太长 4. 钻孔开始未准确找正
钻孔歪斜	1. 钻头与工件不垂直 2. 进刀量大使钻头弯曲 3. 横刃太长定心不良

表 8-5 钻头折断和损坏的原因

损坏形式	损坏原因
工作部分折断	1. 用钝钻头工作 2. 转速太慢，进刀量太大 3. 切屑堵住螺旋槽 4. 孔快透时进刀阻力增大，转速降低，或突然加大走刀量 5. 工件松动 6. 铸件内碰到缩孔
切削刃迅速磨损	1. 切削速度过高 2. 切削角与工件材料硬度不相适应 3. 未用冷却润滑液 4. 材料太硬或有砂眼

在钻孔时注意预防上述不利因素的出现，就可保证钻孔质量，避免产生废品。

五、钻孔时的注意事项

1. 操作者袖口要扎紧，衣扣要扣严，长头发要戴工作帽，严禁戴手套，防止发生事故；

2. 一定要把工件夹持牢固，不准用手直接拿着工件钻孔；

3. 钻出的切屑不能用手拿或用嘴吹，要用刷子或笤帚清除；钻钢件时的切屑，停车后用铁钩清除；

4. 开车时严禁用手拧钻夹头，检查工件和变换速度时必须停车后进行；

5. 钻通孔时工件下面应放垫块，以免钻伤工作台；

6. 钻孔时，进刀的压力不可过猛或过大；钻通孔接近钻透时，进刀压力必须减轻，防止损坏钻头和工件；

7. 保持工作现场整洁，加强对钻头和夹具的保养，及时清理切屑和污水。

六、钻孔时的冷却和润滑

钻孔时，由于加工材料和加工要求不同，所用切削液的种类和作用也不一样。

钻孔一般属于粗加工，又是半封闭状态加工，摩擦严重，散热困难，加切削液的目的应以冷却为主。

在高强度材料上钻孔时，因钻头前刀面要承受较大的压力，要求润滑膜有足够的强度，以减少摩擦和钻削阻力。因此，可在切削液中增加硫、二硫化钼等成分，如硫化切削油。

在塑性、韧性较大的材料上钻孔时，要求加强润滑作用，在切削液中可加入适当的动物油和矿物油。

孔的精度要求较高和表面粗糙度值要求很小时，应选用主要起润滑作用的切削液，如菜油、猪油等。

钻不同材料时所适用的切削液，可参考下表选用。

工件材料	切削液
各类结构钢	3% ~ 5% 乳化液，7% 硫化乳化液
不锈钢、耐热钢	3% 肥皂加 2% 亚麻油水溶液，硫化切削油
紫铜、黄铜、青铜	5% ~ 8% 乳化液（也可不用）
铸铁	5% ~ 8% 乳化液，煤油（也可不用）
铝合金	5% ~ 8% 乳化液，煤油，煤油与菜油的混合油（也可不用）
有机玻璃	5% ~ 8% 乳化液，煤油

复习题

1. 简述麻花钻各组成部分的名称及其作用。

2. 分析钻头损坏的原因及预防方法。

3. 钻孔时如何选择切削液？

4. 何谓钻孔的切削速度、进给量和切削深度？选择钻削用量的原则是什么？

5. 分析钻孔时产生废品和钻头折断的各种原因。

第九章　攻螺纹和套螺纹

第一节　螺纹的基本知识

用丝锥在孔中切削出内螺纹称为攻螺纹；用板牙在圆杆上切削出外螺纹称为套螺纹。

一、螺纹的形成

将一个底边为 $AB=\pi d$ 的直角三角形 ABC，围绕在一个直径为 d 的圆柱体表面上，并使底边与圆柱体端面圆周重合，斜边 AC 在圆柱表面上就形成一条螺旋线，这就是螺纹的基准线（图 9–1）。

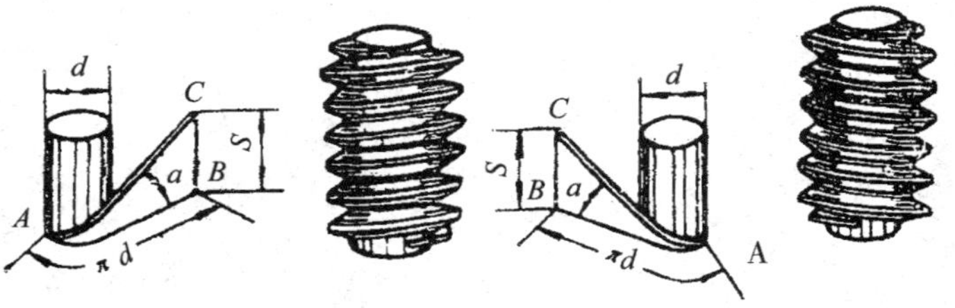

图 9－1　螺旋线形成原理

如果沿着螺旋线加工形成具有相同剖面的连续凸起和沟槽，即可在圆柱表面上形成一定形状的螺纹。在外圆表面上形成的螺纹叫外螺纹，在内孔表面上形成的螺纹叫内螺纹。

二、螺纹的主要参数

螺纹的主要参数包括牙型、公称直径、螺距和导程、头数（线数）、旋向牙型角和牙型半角、螺纹升角等。

1. 牙型

在通过螺纹轴线的剖面上，螺纹的轮廓形状称为牙型。螺纹牙型包括三角形、方形、梯形、锯齿形、圆形等（图 9–2）。

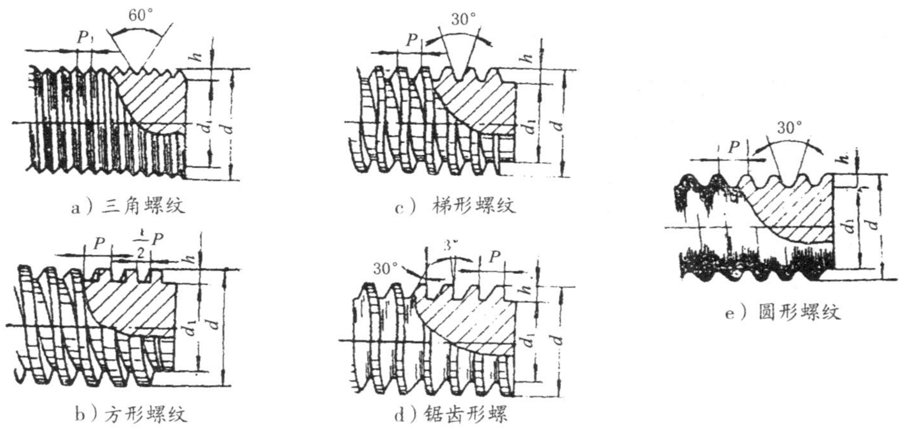

图 9 – 2　螺纹牙型

2. 直径

螺纹的直径包括大径、小径、公称直径和中径等。

（1）大径

与外螺纹牙顶或内螺纹牙底相重合的假想圆柱面的直径（图 9–3）。

（2）小径

与外螺纹牙底或内螺纹牙顶相重合的假想圆柱面的直径（图 9–3）。

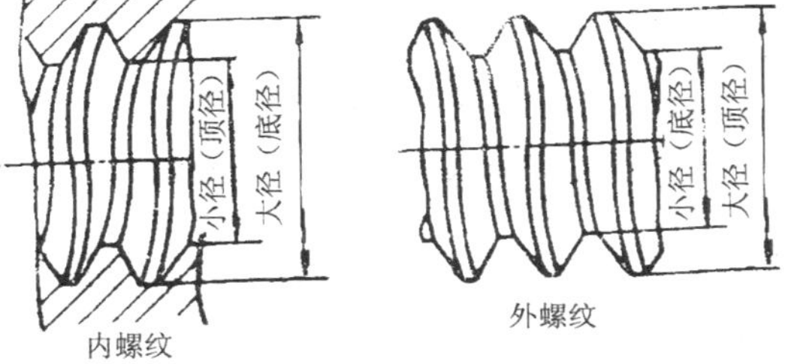

图 9 – 3　螺纹的大径和小径

（3）公称直径

代表螺纹尺寸的直径，指螺纹大径的基本尺寸。即外螺纹的牙顶直径（d），内螺纹的牙底直径（D）。

（4）中径

一个假想圆柱的直径，该圆柱的母线通过牙型上沟槽和凸起宽度相等的地方(图9–4)。此假想圆柱称为中径圆柱，中径圆柱的母线称为中径线(图9–4)。

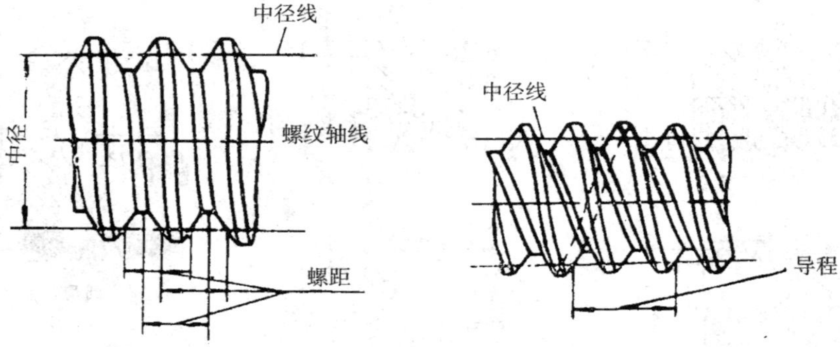

a）单线螺纹　　b）双线螺纹

图9－4　螺纹中径，螺距和导程

3. 头数（或线数）

一个圆柱面上的螺旋线的数目，有单头（线）、双头（线）和多头（线）几种。

4. 螺距和导程

相邻两牙在中径线上对应两点间的轴向距离称为螺距（图9–4a）

同一条螺旋线上的相邻两牙在中径线上对应两点间的轴向距离称为导程（图9–4b）。

5. 牙型角和牙型半角

牙型角是指在螺纹牙型上相邻两牙侧间的夹角，用 α 表示。牙型半角是指在螺纹牙型上牙侧与螺纹轴线的垂线间的夹角，用 $\alpha/2$ 表示。

6. 螺纹升角

螺纹升角是指在中径圆柱上螺旋线的切线与垂直于螺纹轴线的平面的夹角，用 ϕ 表示。

三、螺纹的种类

螺纹的分类方法和种类有很多，一般的分类如下所示：

- 螺纹种类
  - 标准螺纹
    - 三角螺纹
      - 普通螺纹
        - 粗牙螺纹
        - 细牙螺纹
      - 英制螺纹
    - 管 螺 纹
      - 圆柱管螺纹
      - 55° 圆锥管螺纹
      - 60° 圆锥官螺纹（布氏螺纹）
    - 梯形螺纹
      - 公制梯形螺纹
      - 英制梯形螺纹
    - 锯齿形螺纹
  - 特殊螺纹（螺纹牙型符合标准螺纹规定，而外径和螺距不符合标准）
  - 非标准螺纹（有方形螺纹、平面螺纹等）

第二节 攻螺纹与丝锥

一、攻螺纹工具

1. 丝锥

丝锥是加工内螺纹的工具，分为机用丝锥和手用丝锥两种。机用丝锥通常是指高速钢磨牙丝锥，其螺纹公差带分为 H1、H2、H3 三种。手用丝锥是碳素工具钢或合金工具钢的滚牙（或切牙）丝锥，螺纹公差带为 H4。

（1）丝锥的构造

丝锥的构造如图 9–5 所示，由工作部分和柄部组成。工作部分包括切削部分和校准部分。

丝锥沿轴向开有几条容屑槽，以形成切削部分锋利的切削刃，起主切削作用。切削部分前角 γ_0=8° ~ 10°，后角 α_0=6° ~ 8°。前端磨出切削锥角，切削负荷分布在几个刀齿上，使切削省力，便于切入。丝锥校准部分有完整的牙型，用来修光和校准已切出的螺纹，并引导丝锥沿轴向前进，其后角 α_0=0°。

为了适应不同工件材料，丝锥切削部分前角可适当增减（表 9–1）。

表 9-1　丝锥前角的选择

被加工材料	铸青铜	铸铁	硬钢	黄铜	中碳钢	低碳钢	不锈钢	铝合金
前角	0°	5°	5°	10°	10°	15°	15°~20°	20°~30°

丝锥校准部分的大径、中径、小径均有（0.05 ～ 0.12）/100 的倒锥，以减小与螺孔的摩擦及所攻螺孔的扩张量。

为了制造和刃磨方便，丝锥上的容屑槽一般被做成直槽。有些专用丝锥为了控制排屑方向，将容屑槽做成螺旋槽（图 9–6）。

加工不通孔螺纹，为使切屑向上排出，将容屑槽做成右旋槽（图 9–6a）；加工通孔螺纹，为使切屑向下排出，将容屑槽做成左旋槽（图 9–6b）。一般丝锥的容屑槽为 3 ～ 4 个。

丝锥柄部有方榫，用于夹持。

（2）成组丝锥切削用量分配

为了减小切削力和延长丝锥的使用寿命，一般将整个切削工作分配给几支丝锥来担当。通常 M6 ～ M24 的丝锥每组有两支；M6 以下及 M24 以上的丝锥每组有三支；细牙螺纹丝锥为两支一组。

成组丝锥中，对每支丝锥切削量的分配有以下两种方式：

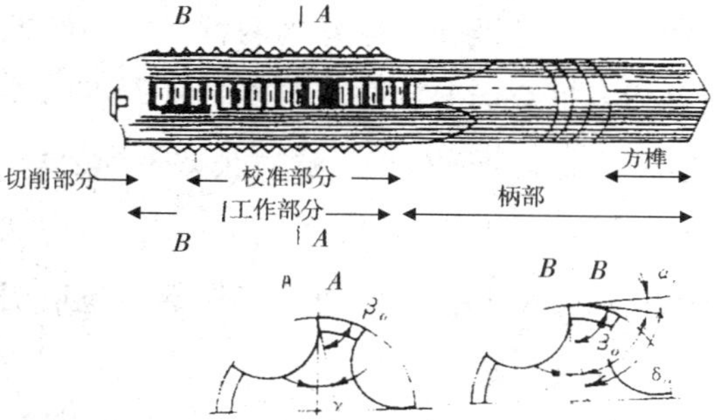

图 9–5　丝锥的构造

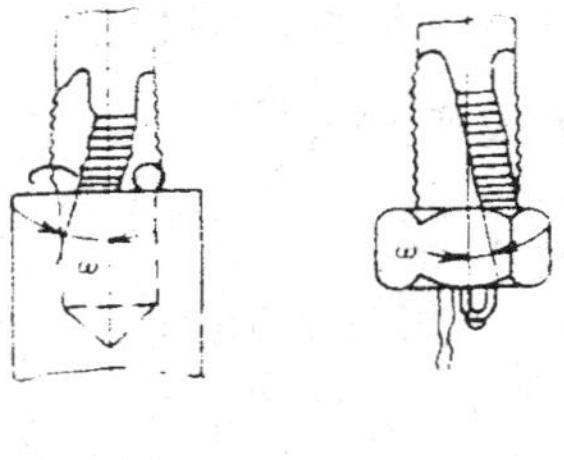

a）右旋槽　b）左旋槽

图 9–6　螺旋形容屑槽

①锥形分配

如图 9–7a 所示，一组丝锥中，每支丝锥的大径、中径、小径都相等，只是切削部分的切削锥角及长度不等。锥形分配切削量的丝锥也叫等径丝锥。当攻制通孔螺纹时，用头攻（初锥）一次切削即可加工完毕，二攻（也叫中锥）、三攻（底锥）则用得较少。一般 M12 以下丝锥采用锥形分配，一组丝锥中，每支丝锥磨损很不均匀。由于头攻能一次攻削成形，切削厚度大，切屑变形严重，加工表面粗糙度差。

②柱形分配

柱形分配切削量的丝锥也叫不等径丝锥。即头攻（也叫第一粗锥）、二攻（第二粗锥）的大径、中径、小径都比三攻（精锥）小。头攻、二攻的中径一样，大径不一样，头攻大径小，二攻大径大（图 9–7b），这种丝锥的切削量分配比较合理，三支一套的丝锥按 6∶3∶1 分担切削量，两支一套的丝锥按 7.5∶2.5 分担切削量，切削省力，各锥磨损量差别小，使用寿命较长。同时，末锥（精锥）的两侧也参加少量切削，所以加工表面粗糙度值较小。一般 M12 以上的丝锥多属于这一种。

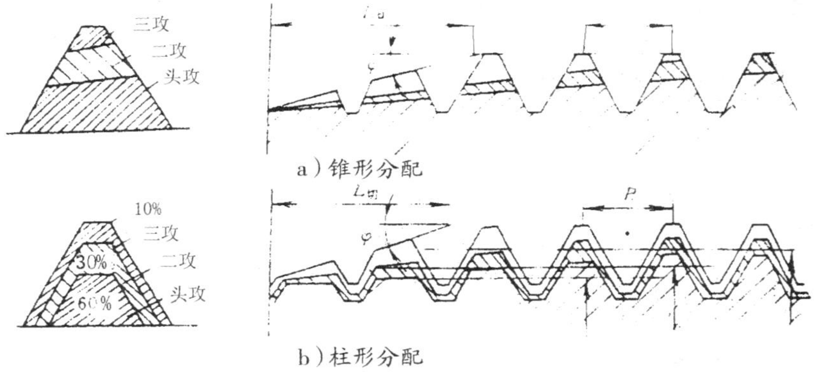

图 9 – 7　成套丝锥切削量分配

（3）丝锥的种类

丝锥的种类很多，钳工常用的有机用、手用普通螺纹丝锥，圆柱管螺纹丝锥，圆锥管螺纹丝锥等。

GB/T 3464.1–2007 规定，机用和手用普通螺纹丝锥有粗牙、细牙之分，粗柄、细柄之分，单支、成组之分，等径、不等径之分。此外还有长柄机用丝锥、短柄螺母丝锥、长柄螺母丝锥等。

圆柱管螺纹丝锥与一般手用丝锥相近，只是其工作部分较短，一般为两支一组。圆锥管螺纹丝锥的直径从头到尾逐渐增大，而牙型与丝锥轴线垂直，以保证内、外螺纹结合时有良好的接触。

2. 铰杠

铰杠是手工攻螺纹时用来夹持丝锥的工具，分为普通铰杠（图 9–8）和丁字铰杠（图 9–9）两类，又可分为固定式铰杠和活络式铰杠两种，其中丁字铰杠适用于在高凸台旁边或箱体内部攻螺纹，活络式丁字铰杠适用于 M6 以下丝锥，固定式普通铰杠适用于 M5 以下丝锥。

铰杠的方孔尺寸和柄的长度都有一定的规格,使用时按丝锥尺寸大小，参考表 9–2 合理选用。

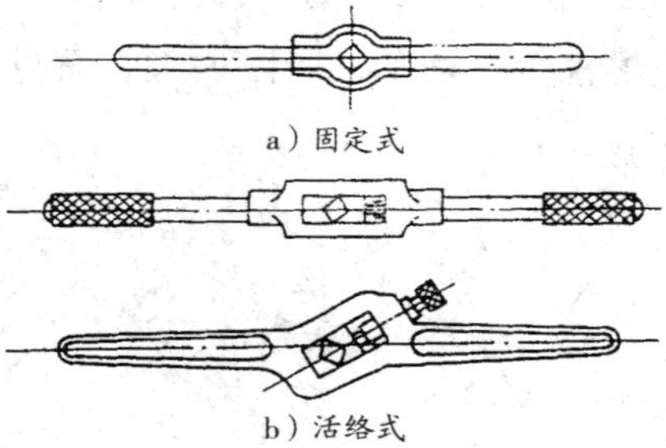

图 9 – 8　普通铰杆

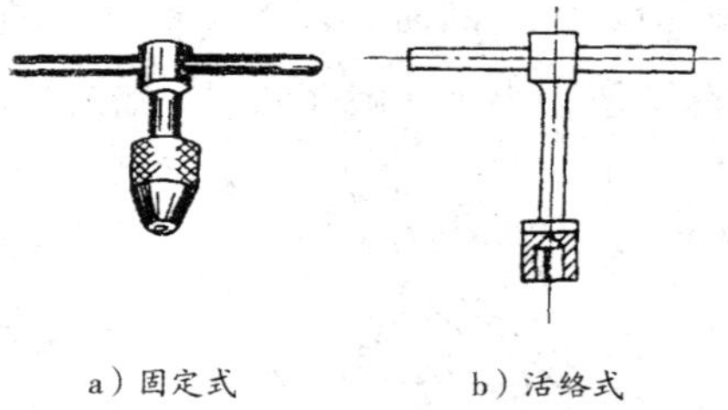

图 9 – 9　丁字铰杆

表 9–2 活络铰杠适用范围

活络铰杠规格（mm）	150	225	275	375	475	600
适用的丝锥范围	M5~M8	M9~M12	M13~M14	M15~M16	M17~M22	M24 以上

二、攻螺纹前底孔的直径和深度

1. 攻螺纹前底孔直径的确定

攻螺纹时，丝锥在切削金属的同时，还伴随较强的挤压作用。因此，金属产生塑性变形形成凸起并挤向牙尖（图 9–10a），使攻出螺纹的小径小于底孔直径。

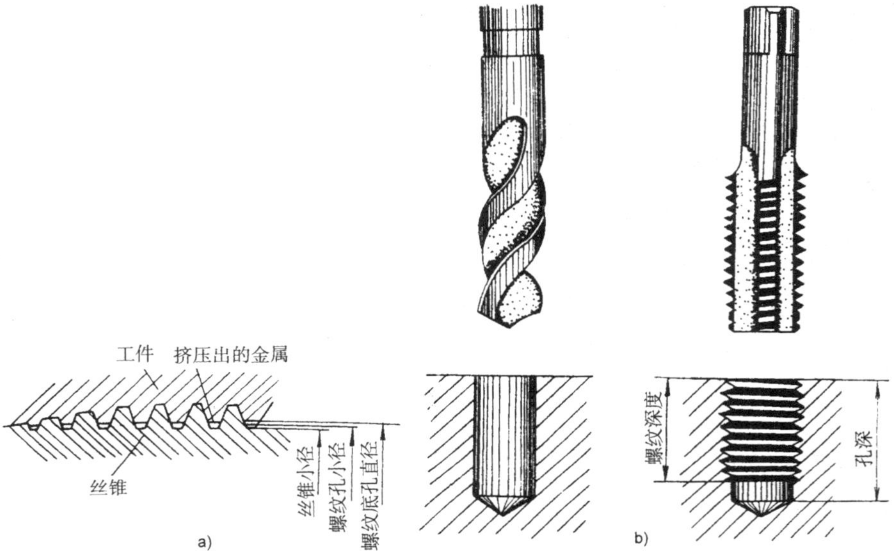

图 9－10　攻螺纹时的挤压现象

因此，攻螺纹前的底孔直径应稍大于螺纹小径，否则，攻螺纹时因挤压作用，使螺纹牙顶与丝锥牙底之间没有足够的容屑空间，导致丝锥被箍住，甚至折断丝锥。此种现象在攻塑性较大的材料时更为严重。但是底孔不宜过大，否则会使螺纹牙型高度不够，降低强度。

底孔直径大小要根据工件材料塑性大小及钻孔扩张量考虑，按经验公式计算得出：

（1）在加工钢和塑性较大的材料及扩张量中等的条件下：

$$D_{钻}=D-P$$

式中，$D_{钻}$——攻螺纹底孔用钻头直径，mm；

D——螺纹大径，mm；

P——螺距，mm。

（2）在加工铸铁和塑性较小的材料及扩张量较小的条件下：

$$D_{钻}=D-(1.05\sim1.1)P$$

常用的粗牙、细牙普通螺纹攻螺纹钻底孔用钻头直径可以从表9–3中查得。

表 9-3 攻普通螺纹钻底孔的钻头直径（mm）

螺纹直径 D	螺距 P	钻头直径 $D_{钻}$ 铸铁、青铜、黄铜	钻头直径 $D_{钻}$ 钢、可锻铸铁、紫铜、层压板
2	0.4 0.25	1.6 1.75	1.6 1.75
2.5	0.45 0.35	2.05 2.15	2.05 2.15
3	0.5 0.35	2.5 2.65	2.5 2.65
4	0.7 0.5	3.3 3.5	3.3 3.5
5	0.8 0.5	4.1 4.5	4.2 4.5
6	1 0.75	4.9 5.2	5 5.2
8	1.25 1 0.75	6.6 6.9 7.1	6.7 7 7.2
10	1.5 1.25 1 0.75	8.4 8.6 8.9 9.1	8.5 8.7 9 9.2
12	1.75 1.5 1.25 1.00	10.1 10.4 10.6 10.9	10.2 10.5 10.7 11

螺纹直径 D	螺距 P	钻头直径 $D_{钻}$ 铸铁、青铜、黄铜	钻头直径 $D_{钻}$ 钢、可锻铸铁、紫铜、层压板
14	2 1.5 1	11.8 12.4 12.9	12 12.5 13
16	2 1.5 1	13.8 14.4 14.9	14 14.5 15
18	2.5 2 1.5 1	15.3 15.8 16.4 16.9	15.5 16 16.5 17
20	2.5 2 1.5 1	17.3 17.8 18.4 18.9	17.5 18 18.5 19
22	2.5 2 1.5 1	19.3 19.8 20.4 20.9	19.5 20 20.5 21
24	3 2 1.5 1	20.7 21.8 22.4 22.9	21 22 22.5 23

（3）英制螺纹底孔直径的计算一般按表 9-4 所示计算公式进行。常用英制螺纹攻螺纹前，钻底孔的钻头直径也可以从有关手册中查出。

表 9-4 英制螺纹底孔直径的计算公式

螺纹公称直径	铸铁和青铜	钢和黄铜
3/16″ ~5/8″	$D_{钻}=25(D-\frac{1}{n})$	$D_{钻}=25(D-\frac{1}{n})+0.1$
3/4″ ~$1\frac{1}{2}$″	$D_{钻}=25(D-\frac{1}{n})$	$D_{钻}=25(D-\frac{1}{n})+0.3$

注：$D_{钻}$——攻螺纹前钻底孔钻头直径；n——每英寸牙数；D——螺纹公称直径（in）。

2. 攻螺纹底孔深度的确定（图 9-10b）

攻不通孔螺纹时，由于丝锥切削部分有锥角，端部不能切出完整的牙型，所以钻孔深度要大于螺纹的有效深度。一般取：

$$H_{钻}=h_{有效}+0.7D$$

式中，$H_{钻}$——底孔深度，mm；

$h_{有效}$——螺纹有效深度，mm；

D——螺纹大径，mm。

例：分别计算在钢件和铸铁件上攻 M10 螺纹时的底孔直径各为多少？若攻不通孔螺纹，其螺纹有效深度为 60mm，求底孔深度为多少？（$2\phi=120°$，只计算钢件）

解：查表 9-1，M10 对应 P=1.5mm。

钢件攻螺纹底孔直径：$D_{钻}=D-P=10-1.5=8.5$（mm）。

铸铁件攻螺纹底孔直径：

$D_{钻}=D-(1.05\sim1.1)P$

$=10-(1.05\sim1.1)1.5$

$=10-(1.575\sim1.65)$

$=8.425\sim8.35$（mm）

取 $D_{钻}=8.4$（mm）（按钻头直径标准系列取一位小数），

底孔深度：$H_{钻}=h_{有效}+0.7D=60+0.7\times10=67$（mm）。

三、攻螺纹的方法和注意事项

1. 攻螺纹前要先看清图纸要求，不要搞错螺纹规格，把细牙当成粗牙，或钻错底孔直径。

2. 螺丝底孔的孔口必须倒角，使丝锥容易切入孔中，孔口又不会产生毛刺。

3. 使丝锥的中心线与底孔的中心线相重合，或使丝锥的中心线垂直于孔口端面，不然攻出的螺纹会偏斜。

4. 两手的压力和旋转力要适当而均匀，把丝锥拧入孔内，让丝锥能够切削下去，如果压力不足，孔的一端会铰出锥形的大口。对材料较松的工件，在攻出两三个牙后，还要继续加大压力，不然工件的抵抗力会使丝锥钻不下去，而使已经攻出的两三牙被推掉，这种现象通常叫滑牙。当攻下四五个牙后，就不必再加压力，只继续旋转就可以了。

5. 丝锥拧入孔内时，就从孔壁上切出切屑，因切屑越来越长（特别是韧性材料），会把丝锥挤住不能转动，所以，在攻螺纹时，要不断地使丝锥反向旋转，把切屑割断，使之从孔中掉出。在盲孔里攻丝时，还必须随时旋出丝锥，清除丝锥上和孔底内的切屑。

6. 先用头锥攻，再用二锥、三锥扩大和修光螺纹。如在较硬的材料上攻螺纹，可将头锥、二锥交替使用，以防折断丝锥。

7. 攻螺纹时要经常润滑。

第三节 套螺纹与板牙

一、套螺纹工具

1. 板牙

板牙是加工外螺纹的工具，它由合金工具钢或高速钢制作而成并经淬火处理。

图 9-11 所示为圆板牙的构造，其由切削部分、校准部分和排屑孔组成。它本身就像一个圆螺母，在它上面钻有几个排屑孔而形成刀刃。

切削部分是板牙两端有切削锥角（2ϕ）的部分，它不是圆锥面（圆锥面则后角 $\alpha_0=0°$），而是经过铲磨而成的阿基米德螺旋面，能形成后角 $\alpha_0=7°\sim9°$。

圆板牙前面就是排屑孔，故前角数值沿切削刃变化（图 9-12）。小径处前角 γ_d 最大，大径处前面 γ_{do} 最小，一般 $\gamma_{do}=8°\sim12°$；粗牙 $\gamma_d=30°\sim35°$，细牙 $\gamma_d=25°\sim30°$。

锥角 $\phi=20°\sim25°$。

板牙的中间一段是校准部分，也是套螺纹时的导向部分。

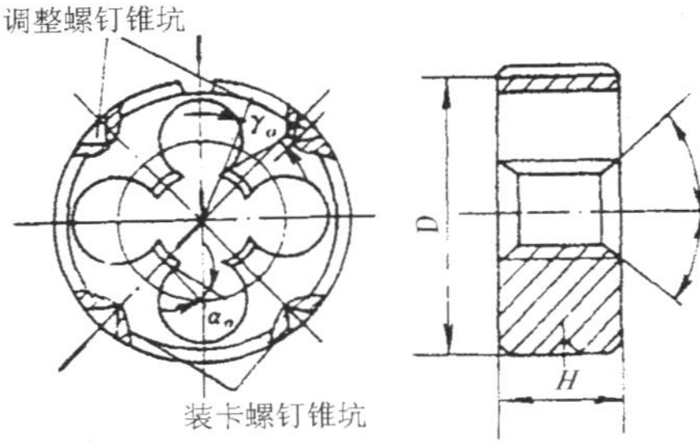

图 9－11　圆板牙

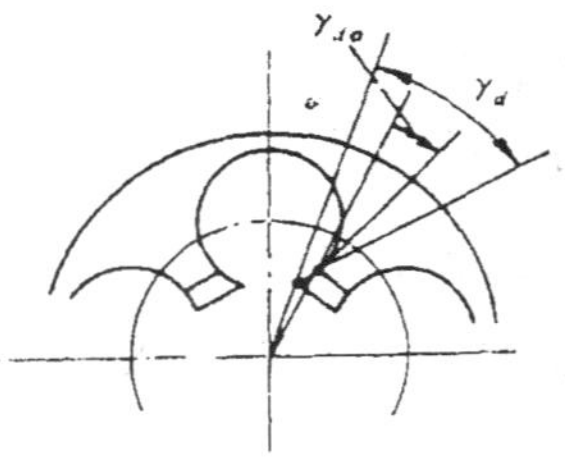

图 9－12　圆板牙的前角变化

板牙的校准部分因磨损会使螺纹尺寸变大而超出公差范围。因此，为延长板牙的使用寿命，M3.5 以上的圆板牙，其外圆上有一条 V 形槽（图 9–11），起调节板牙尺寸的作用。当尺寸变大时，将板牙沿 V 形槽用锯片砂轮切割出一条通槽，用铰杠上的两个螺钉顶入板牙上面的两个偏心的锥孔坑内，使圆板牙尺寸缩小，其调节范围为 0.1mm~0.5mm。上面两个锥坑之所以要偏心，是为了使紧定螺钉挤紧时与锥坑单边接触，使板牙尺寸缩小。若在 V 形槽开口处旋入螺钉，还能使板牙尺寸增大。板牙下部两个通过中心的螺钉孔是用来紧定螺钉固定板牙并传递扭矩的。

板牙两端面都有切削部分，当一端磨损后，可换另一端使用。

2. 板牙架

板牙架是装夹板牙的工具，图 9–13 所示为圆板牙架。板牙放入后，用螺丝钉紧固。

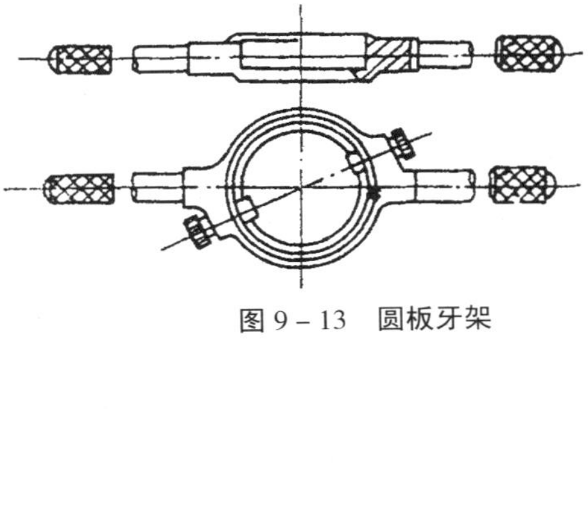

图 9－13　圆板牙架

二、套螺纹前圆杆直径的确定

与丝锥攻螺纹一样，用板牙在工件上套螺纹时，材料同样因受挤压而变形，牙顶将被挤高一些。所以，套螺纹前圆杆直径应稍小于螺纹的大径尺寸，一般圆杆直径用下式计算：

$$d_{杆}=d-0.13P$$

式中，$d_{杆}$——套螺纹前圆杆直径，mm；

d——螺纹大径，mm；

P——螺距，mm。

套螺纹前圆杆直径也可由表 9-9 中查得。

表 9-9 板牙套螺纹时圆杆直径

粗牙普通螺纹				英制螺纹			圆柱管螺纹		
螺纹直径（mm）	螺 距（mm）	螺杆直径（mm）		螺纹直径（mm）	螺杆直径（mm）		螺纹直径（mm）	管子直径（mm）	
		最小直径	最大直径		最小直径	最大直径		最小直径	最大直径
M6	1	5.8	5.9	1/4	5.9	6	1/8	9.4	9.5
M8	1.25	7.8	7.9	5/16	7.4	7.6	1/4	12.7	13
M10	1.5	9.75	9.85	3/8	9	9.2	3/8	16.2	16.5
M12	1.75	11.75	11.9	1/2	12	12.2	1/2	20.5	20.8
M14	2	13.7	13.85	–	–	–	5/8	22.5	22.8
M16	2	15.7	15.85	5/8	15.2	15.4	3/4	26	26.3
M18	2.5	17.7	17.85	–	–	–	7/8	29.8	30.1
M20	2.5	19.7	19.85	3/4	18.3	18.5	1	32.8	33.1
M22	2.5	21.7	21.85	7/8	21.4	21.6	$1\frac{1}{8}$	37.4	37.7
M24	3	23.65	23.8	1	24.5	24.8	$1\frac{1}{4}$	41.4	41.7
M27	3	26.65	26.8	$1\frac{1}{4}$	30.7	31	$1\frac{3}{8}$	43.8	44.1
M30	3.5	29.8	29.8	–	–	–	$1\frac{1}{2}$	47.3	47.6
M36	4	35.6	35.8	$1\frac{1}{2}$	37	37.3	–	–	–
M42	4.5	41.55	41.75	–	–	–	–	–	–
M48	5	47.5	47.7	–	–	–	–	–	–
M52	5	51.5	51.7	–	–	–	–	–	–
M60	5.5	59.45	59.7	–	–	–	–	–	–
M64	6	63.4	63.7	–	–	–	–	–	–
M68	6	67.4	67.7	–	–	–	–	–	–

三、套螺纹的方法和注意事项

1. 套螺纹前，圆杆端头应倒角，斜角为 15° ~ 20° ，这样板牙容易对准圆杆和起削。倒角要超过螺纹全深，即圆杆端头直径要比螺纹底径小。这样可避免螺纹端头处出现锋口。

2. 套螺纹时，套削力矩很大。为了使圆杆既能夹紧又不夹坏表面，要用带 V 型槽的铁衬垫（图 9–14）或用厚铜板作钳口衬来夹持圆杆。

3. 套螺纹时，应使板牙端面与圆杆轴线垂直，否则切出的螺纹会一面逐渐加深，另一面逐渐减浅，并使螺杆弯曲，而且很容易坏牙。

4. 开始套螺纹时，为了使刀刃切去工件，要往下加压力。当板牙已旋入圆杆后可不再施加压力，只需两手均匀用力旋转扳手即可。为了切断铁屑，要经常反转。

5. 在钢料上套螺纹要加冷却润滑液，以提高螺纹质量和延长板牙寿命，同时也可降低套削阻力。一般用浓的乳化液、机油，要求高的可用菜油。

6. 每次套螺纹前应将板牙容屑孔内及螺纹内的切屑除净，将板牙用煤油清洗，否则影响螺纹的粗糙度。

7. 在调整开口的圆板牙时，最好先将样柱旋入螺孔内，按样柱来调整。

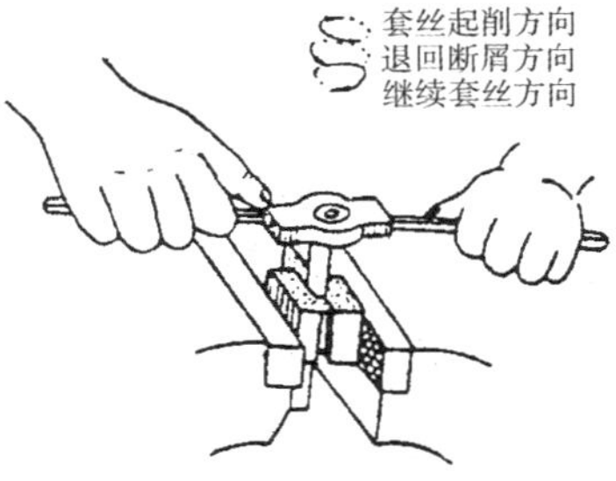

图 9 – 14 用带 V 形槽的衬铁夹紧圆杆

8. 套管子螺纹

在管子上套螺纹时，先用夹具将管子夹紧，用润滑液润滑管子需要套螺纹的部位，然后在管子的一端（至多 2–3 牙处）套上板牙架，将板牙合拢，转动板牙架数遍，即可在管子上套出外螺纹。

直径在 25mm 以下的螺纹限套两遍，直径在 25mm 以上的螺纹必须套三遍，才能套出良好的螺纹。在每次重复套螺纹前，必须用刷子仔细地清除管子上及板牙内的切屑，并重新用润滑液润滑。板牙架绕管子旋转一周，一般分四个动作（图 9–15），即每一动作最多转 90°。

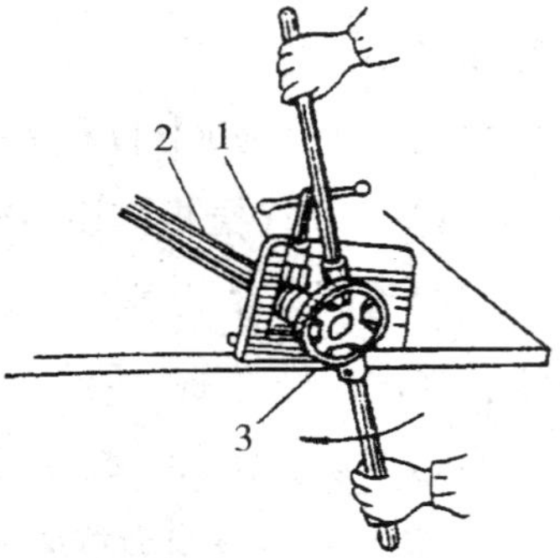

1- 夹具；2- 管子；3- 管子板牙

图 9 – 15　用管子板牙架套丝

在操作过程中，要注意观察切削螺纹部分的长度是否满足需要，管子上切出的螺纹长度应包括露在外面的一段和板牙架内的一段。

四、攻螺纹和套螺纹时产生废品及刀具损坏的原因

1. 攻螺纹和套螺纹时产生废品的原因

（1）螺纹烂牙或歪斜

①当螺纹底孔过小、圆杆直径过大，或工件材料过硬时，都会使丝锥或板牙不易切入，造成孔口或杆端处螺纹烂牙，或使螺纹歪斜。

②用成组丝锥攻螺纹时，头锥攻歪，而用二锥强行纠正；或头锥攻完，换二锥时，没先用手旋合就强行攻削，均会造成烂牙。

③在塑性材料上攻螺纹，没加适当的润滑液，使切屑堵塞，或丝锥和板牙没及时倒转，将会挤伤螺纹。

④当丝锥或板牙的螺纹与螺纹底孔或圆杆轴线不同轴，或操作时用力不均匀，使刀具倾斜，都会将螺纹攻歪或切成一边高一边低的现象。

（2）螺纹牙深不够

①当螺纹底孔直径太大或圆杆直径过小，将使切出的螺纹高度不够。

②用磨损较严重的丝锥或板牙加工螺纹，加工出的内螺纹直径将随之缩小，而外螺纹直径则随之扩大。

2. 刀具损坏的原因

在攻螺纹和套螺纹操作中，常发生丝锥折断或板牙削刃崩裂现象，其主要原因如下：

①在攻螺纹或套螺纹过程中，没有及时倒转，致使切屑堵塞，而造成崩刃或折断丝锥。

②底孔直径过小或圆杆直径过大，造成切削负荷过大。

③两手用力不均，使丝锥或板牙歪斜，单面受力过大或强行纠正造成崩刃。

④攻不通孔螺纹时，丝锥已到底或切屑顶住丝锥仍继续扳转，致使丝锥折断。

复习题

1. 试述丝锥各组成部分的名称、结构特点及其作用。

2. 什么是等径丝锥？什么是不等径丝锥？各有何特点？

3. 正确识别各种丝锥的代号。

4. 用计算法确定下列螺纹攻螺纹前钻底孔的钻头直径：

（1）在钢料上攻 M18 的螺纹；

（2）在钢料上攻 M12 × 1 的螺纹。

5. 试述圆板牙的结构特点和作用。

6. 用计算法确定下列螺纹前圆杆的直径：

（1）在钢料上套 M16 的螺纹；

（2）在钢料上套 M24 的螺纹。

第十章 矫正、弯形

第一节 矫正

一、矫正概述

消除材料或制件的弯曲、翘曲、凸凹不平等缺陷的加工方法称为矫正。

金属板料或型材的不平、不直或翘曲变形主要是在轧制或剪切等外力作用下，由内部组织发生变化产生的残余应力所引起。另外，若原材料在运输和存放过程中处置不当，也会引起变形缺陷。

金属材料的变形有两种，一种是弹性变形，另一种是塑性变形。矫正是针对塑性变形而言。

金属板料和型材矫正的实质就是使它们产生新的塑性变形来消除原有的不平、不直或翘曲变形。所以，矫正后金属材料内部组织会发生变化，硬度提高，性质变脆，这种现象叫冷作硬化。冷作硬化后的材料给进一步的矫正或其他冷加工带来困难，必要时应进行退火处理，使材料恢复原来的机械性能。

按矫正时被矫正工件的温度分类，矫正可分为冷矫正和热矫正两种。冷矫正就是在常温条件下进行的矫正。由于冷作硬化现象的存在，冷矫正只适用于矫正塑性较好、变形不严重的金属材料。对于变形十分严重或脆性较大，以及长期露天存放而生锈的金属板料和型材，要加热到700℃～1000℃的高温进行热矫正。

按矫正时产生矫正力的方法不同，矫正还可分为手工矫正、机械矫正、火焰矫正与高频热点矫正等。手工矫正是在平板、铁砧或台虎钳上用手锤（槌）等工具进行操作，一般采用锤击、弯曲、延展和伸张等矫正方法。

二、手工矫正的工具

1. 平板和铁砧

平板、铁砧和台虎钳是矫正板料和型材的基座。

2. 软、硬手锤（槌）

矫正一般材料，通常使用钳工手锤（槌）和方头手锤（槌）；矫正已加工过的表面、薄钢件或有色金属制件，应使用铜锤、木槌、橡皮锤等软手锤（槌）。图 10–1 为使用木槌矫正板料。

3. 抽条和拍板

抽条是采用条状薄板料弯成的简易手工工具，用于抽打较大面积的板料（图 10–2）。拍板是由质地较硬的檀木制成的专用工具，用于敲打板料。

4. 螺旋压力工具

螺旋压力工具适用于矫正较大的轴类零件或棒料（图 10–3）。

图 10 – 1　木槌校正板料

图 10 – 2　用抽条抽板料

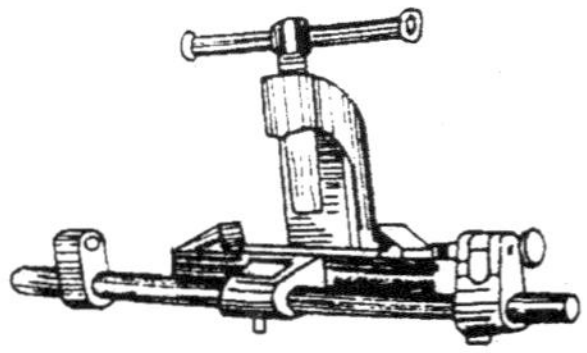

图 10 – 3　螺旋压力工具矫直轴类零件

5. 检验工具

检验工具包括平板、直角尺、直尺和百分表等。

三、手工矫正方法

1. 延展法

金属薄板最容易产生中部凸凹、边缘呈波浪形，以及翘曲等变形，应采用延展法矫正（图 10–4）。

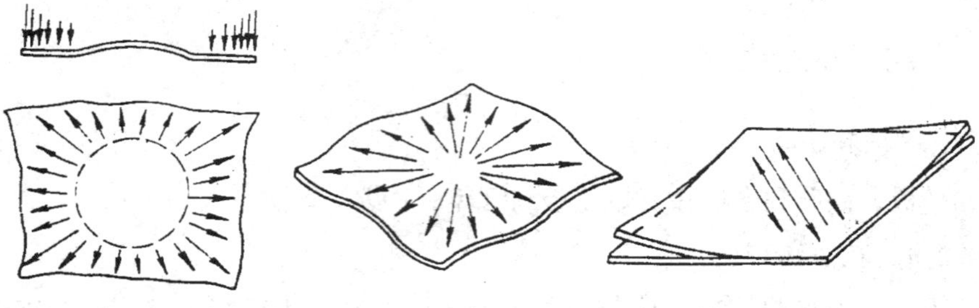

a）中间凸起　　b）边缘呈波浪形　　c）对角翘曲

图 10 – 4　薄板的矫平

薄板中间凸起是由于变形后中间材料变薄。矫正时可锤击板料边缘，使边缘材料延展变薄，厚度与凸起部位的厚度愈趋近则愈平整。图 10–4a 中所示箭头方向，即锤击位置和锤击方向。锤击时，由里向外逐渐由轻到重，由稀到密。如果直接锤击凸起部位，则会使凸起的部位变得更薄，这样不但达不到矫平的目的，反而使凸起更为严重。如果薄板表面有相邻几处凸起，应先在凸起的交界处轻轻锤击，使几处凸起合并成一处，然后再锤击四周以矫平。

如果薄板四周呈波纹状，这说明板料边缘变薄而伸长了。如图 10–4b 所示，锤击点应从中间向四周，按图中箭头方向，密度逐渐变稀，力量逐渐减小，经反复多次锤打，使板料达到平整。

如果薄板发生对角翘曲时，应沿没有翘曲的对角线锤击使其延展（图 10–4c）。

如果板料是铜箔、铝箔等薄而软的材料，可用平整的木块，在平板上推压材料的表面，使其达到平整，也可用木槌或橡皮锤锤击。

如果薄板有微小扭曲时，可用抽条按从左到右的方向抽打平面（图 10–2），因为抽条与板料接触面积较大，受力均匀，容易使板料达到平整。

用氧乙炔焰切割板料，其边缘在气割过程中冷却较快，收缩严重，造成切割下来的板料不平。这种情况也应锤击边缘，使其得到适量的延展。

锤击点在边缘处应重而密，第二、第三圈应轻而长稀，逐渐达到平整。

2. 扭转法

扭转法用来矫正条料扭曲变形，一般将条料夹持在台虎钳上，用扳手把条料扭转到原来形状（图 10–5）。

3. 弯形法

弯形法用来矫正各种弯曲的棒料或在宽度方向上弯曲的条料。直径较小的棒料和薄条料，可夹在台虎钳上用扳手矫正；直径大的棒料和较厚的条料，则需用大力机械矫正。矫正前，先把轴架在两块 V 形铁上，V 形铁距离可按需要调节。将轴转动，用粉笔画出弯曲部位，然后转动螺旋压力机的螺杆，使压块压在圆轴突起部位。为了消除因弹性变形所产生的回翘，可适当压过一些，然后用百分表检查轴的矫正情况。一边矫正，一边检查，直至符合要求。

4. 伸张法

伸张法用来矫正各种细长线材。该方法比较简单，只需将线材一端固定，然后从固定处开始，将弯曲线材绕圆木一周，捏紧圆木并向后拉，使线材在拉力作用下绕过圆木得到伸长矫直（图 l0–6）。

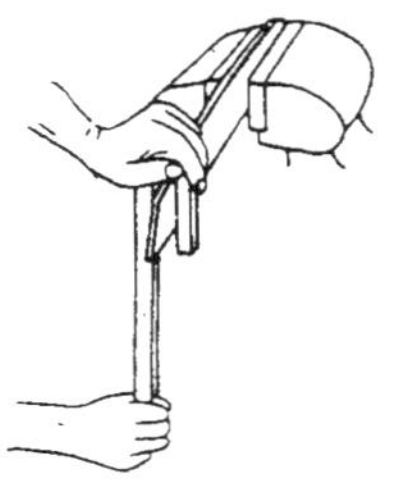

图 10 – 5　扭转法矫正条料

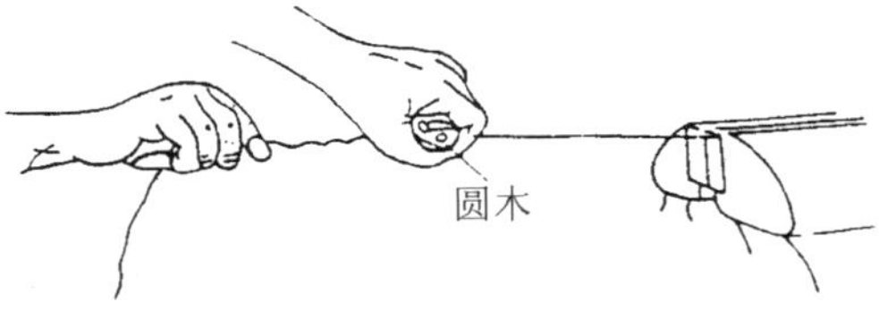

图 10 – 6　伸张法矫直线材

第二节 弯　形

一、弯形概述

将坯料弯成所需形状的加工方法称为弯形。

弯形会使材料产生塑性变形，因此，只有塑性较好的材料才能进行弯形。图 10–7a 为弯形前的钢板，图 10–7b 为弯形后的情况。钢板弯形后外层材料伸长（图 10–7 中 e–e 和 d–d），内层材料缩短（图 10–7 中 a–a 和 b–b），中间有一层材料（图 10–7 中 c–c）弯形后长度不变，称之为中性层。

a）弯形前　　b）弯形后

图 10 – 7　钢板弯形前后情况

弯形工件越靠近材料表面，金属变形越严重，也就越容易出现拉裂或压裂现象。

相同材料的弯形，工件外层材料变形的大小，取决于工件的弯形半径。弯形半径越小，外层材料变形越大。为了防止弯形件拉裂（或压裂），必须控制工件的弯形半径，使之大于导致材料开裂的临界弯形半径——最小弯形半径。

最小弯形半径的数值由实验确定。常用钢材的弯形半径如果大于 2 倍材料厚度，一般就不会产生裂纹。如果工件的弯形半径较小时，可分多次弯形，中间进行退火，以避免弯裂。

材料弯形虽是塑性变形，但也有弹性变形存在。工件弯形后，由于弹性变形的回复力，使得弯形角度和弯形半径发生变化，这种现象称为回弹。

工件在弯形过程中应适度弯过一些，以抵消工件的回弹。

二、弯形毛坯长度计算

工件弯形后，只有中性层长度不变，因此，计算弯形工件毛坯长度时，可以按中性层的长度计算。应该注意，材料弯形后，中性层一般不在材料正中，而是偏向内层材料一边。经实验证明，中性层的实际位置与材料的弯形半径 r 和材料厚度 t 有关。

当材料厚度不变时，弯形半径越大，变形越小，中性层位置越接近材料厚度的几何中心。

如果材料弯形半径不变，材料厚度越大，变形越小，中性层位置越接近材料厚度的几何中心。

如果材料弯形半径不变，材料厚度越小，变形越小，中性层位置越接近材料厚度的几何中心。在不同弯形情况下，中性层的位置是不同的（图10–8）。

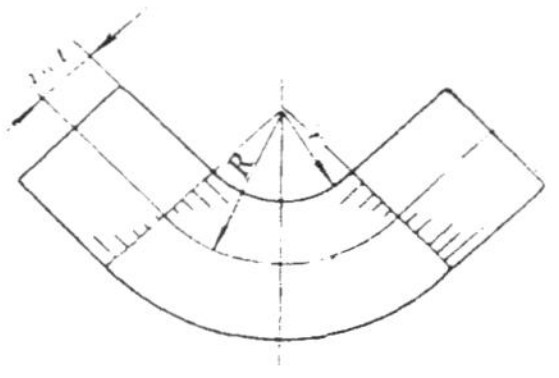

图 10 – 8 弯形中性层的位置

表 10–1 为中性层位置系数 X_0 的数值。从表中 r/t 比值可知，当内弯形半径 $r \geqslant 16$ 时，中性层在材料中间（即中性层与几何中心层重合）。在一般情况下，为简化计算，当 $r/t \geqslant 8$ 时，即可按 $X_0=0.5$ 进行计算。

表 10–1 弯形中性层位置系数 X_0

r/t	0.25	0.5	0.8	1	2	3	4	5	6	7	8	10	12	14	≥16
X_0	0.2	0.25	0.3	0.35	0.37	0.4	0.41	0.43	0.44	0.45	0.46	0.47	0.48	0.49	0.5

图 10–9 为常见的几种弯形形式。图中 a、b、c 为内边带圆弧的制作，d 为内边不带圆弧的直角制件。

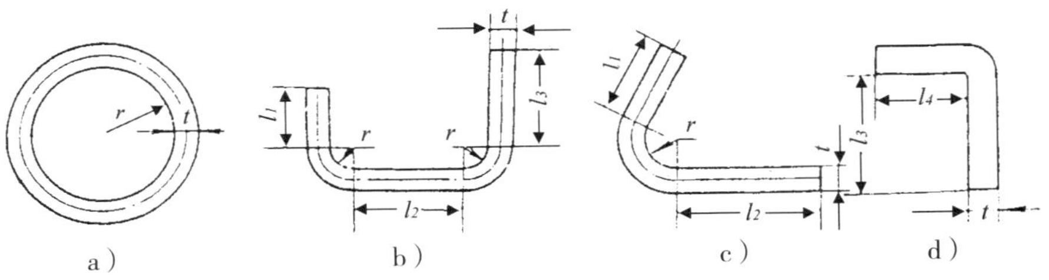

图 10 – 9 常见的变形形式

内边带圆弧件的毛坯长度等于直线部分（不变形部分）和圆弧中性层长度（弯形部分）之和，圆弧部分中性层长度可按下列公式计算：

$$A=\pi(r+x_0t)\frac{\alpha}{180}$$

式中，A——圆弧部分中性层长度，mm；

r——弯形半径，mm；

x_0——中性层位置系数；

t——材料厚度，mm；

α——弯形角，即弯形中心角（图 10–10），单位为“°”。

内边弯形成直角不带圆弧的制件，求毛坯长度时，可按弯形前后毛坯体积不变的原理计算，一般采用经验公式计算，即：

$$A=0.5t$$

例 1：已知图 10–10 所示制件弯形角 $\alpha=120°$，内弯形半径 r=16mm，材料厚度 t=4mm，边长 l_1=50mm、l_2=100mm，求毛坯总长度 L。

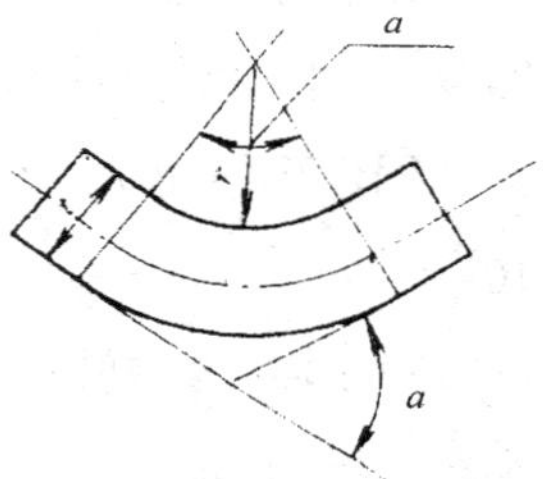

图 10 – 10　弯形时弯形角与弯形中心角

解：

$$r/t=16/4=4,\text{查表 10–1，得 } x_0=0.41$$

$$L=l_1+l_2+A$$
$$=l_1+l_2+\pi(r+x_0t)\frac{\alpha}{180}$$
$$=50+100+3.14\times(16+0.41\times4)\times\frac{120°}{180°}$$
$$=186.93(\text{mm})$$

例 2：在图 10–10 中，已知 l_1=55mm，l_2=80mm，t=3mm，求毛坯长度。

解：

图 10–10 所示为内边是直角的弯形制件，所以：

$$L=l_1+l_2+A$$
$$=l_1+l_2+0.5t$$
$$=55+80+0.5\times3$$
$$=136.5(\text{mm})$$

由于材料本身性质的差异和弯形工艺、操作方法的不同，上述毛坯长度的计算结果与实际弯形工件毛坯长度之间会有误差。因此，成批生产时，一定要用实验的方法，反复确定坯料的准确长度，以免造成成批废品。

三、弯曲方法

1. 冷弯

冷弯是指在常温下对工件进行弯曲。

2. 热弯

热弯是指把工件的弯曲部分加热后，再进行弯曲。

一般情况下，当工件的厚度在 5mm 以下时，可采用冷弯方法，厚度大于 5mm 时采用热弯方法。

由于在弯曲过程中，材料的外侧受拉、内侧受压，因此在塑性变形的同时，也有弹性变形存在。即去掉外力后，弯曲的零件要产生角度和半径的回弹，称为弯曲回弹变形。

回弹变形是弯曲工艺的一种有害现象，容易造成产品的质量低劣或产生废品。因此，在弯曲工作时，应当考虑回弹变形的影响。

3. 金属条料、板料的弯曲方法

（1）弯直角形（图 10–11）

弯直角形的小型零件时，可以在台虎钳上用手工工具弯曲。先在被弯部分划好线，将工件夹在台虎钳上，使尺寸线和钳口平齐，用木槌敲击工件根部直至弯曲，最后进行整形。

a)　　b)　　c)

图 10－11　板料在台虎钳上弯直角

（2）弯直角弓形

弯直角弓形零件时，应先做一个与工件形状尺寸相当的胎具（图 10–12），再按弯直角形方法进行弯曲。

（3）弯圆弧形

首先在材料上划好弯曲线，将材料按划线夹在台虎钳的两块角铁衬垫里（图 10–13），可用方状手锤（槌）的窄头锤击，按图中 a、b、c 弯成初形，然后在半圆模上修整圆弧（图 10–13d）。

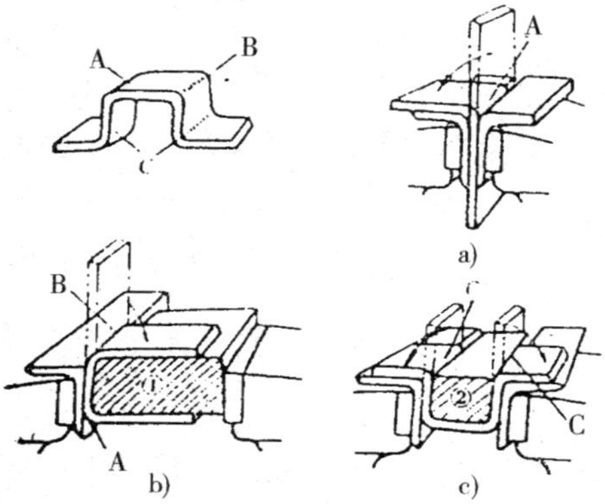

图 10 – 12　弯直角弓形

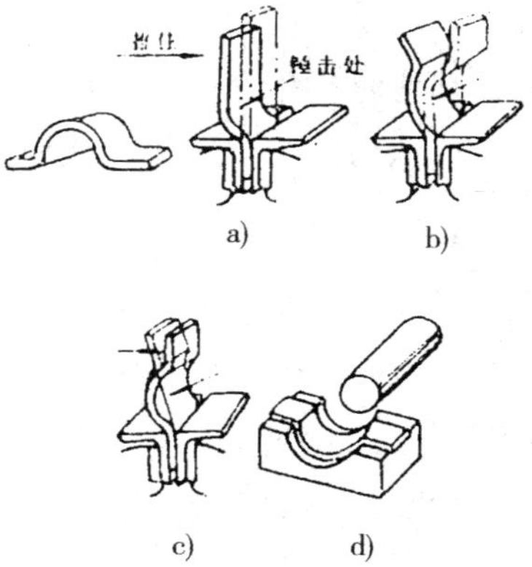

图 10 – 13　弯圆弧形

（4）咬口

把板料的两个边弯曲后，使它们互相紧紧扣合在一起的操作称为咬口。图 10–14 是单扣平卧式咬口的操作程序。

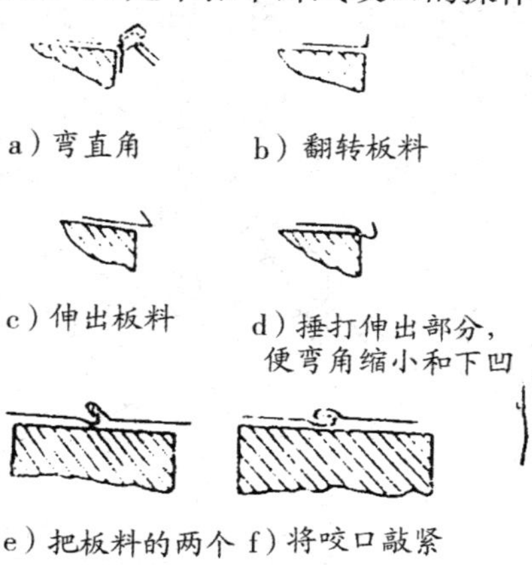

图 10 – 14　板料单扣咬口的操作

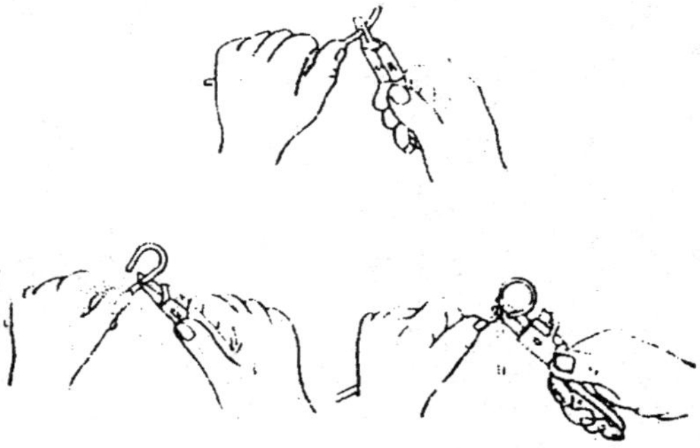

图 10 – 15　用细金属丝弯圆环

4. 棒料的弯曲方法

（1）用细金属丝弯圆环

常用的细金属丝一般是指直径在 4mm 以下的铁丝、铜丝、铝丝等。可以用圆嘴钳来弯曲金属丝圆环（图 10–15）。

用左手握牢金属丝，右手握钳子，先在金属丝的一端弯一个弧形，再在沿圆环周长接触处，用钳子向外弯曲约 90° 的急弯，然后再按圆环形状向里弯，最后整形。

（2）用金属线材弯圆环（直径 4mm~9mm）

弯制金属线材的圆环，可在台虎钳上使用手锤（槌）和芯轴等工具进行（图 10–16）。把金属线材的一端靠着芯轴弯成弧形，再翻转芯轴和金属线材并用台虎钳夹住，继续用手锤（槌）敲击金属线材使之弯成环形，然后把芯轴直立，套上环形，用台虎钳夹住，把直杆弯到圆环的对接位置（图 10–16c）。

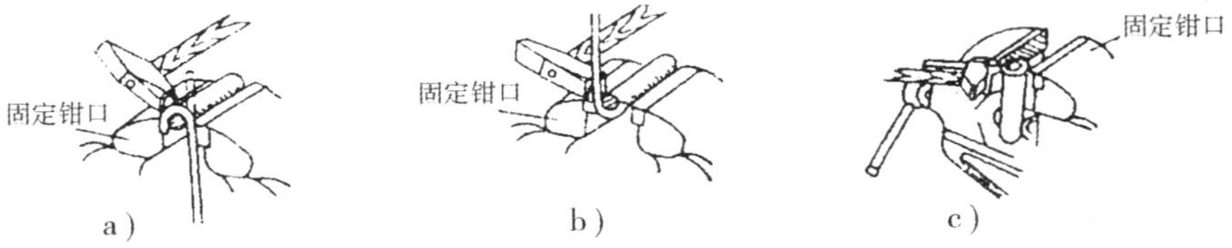

图 10 – 16　金属棒料小环的弯曲方法

5. 弯管子

弯管子的方法有冷弯和热弯两种。管径在 20mm 以下时可采用冷弯法；管径大于 20mm 时应采用热弯法。使用弯管机时，管径可适当大一些，但管子的最小弯曲半径必须大于管径的 4 倍。弯有缝的管子时，焊缝必须置于中性层位置上（图 10–17b）。

（1）冷弯法

冷弯管子可在台虎钳上（小直径管子）或在弯管器上进行（图 10–17a）。弯管子前可在管内装满干砂，两端用木塞塞紧，把管子放在弯管器上（图 l0–17c），扳动手柄慢慢弯曲即可。

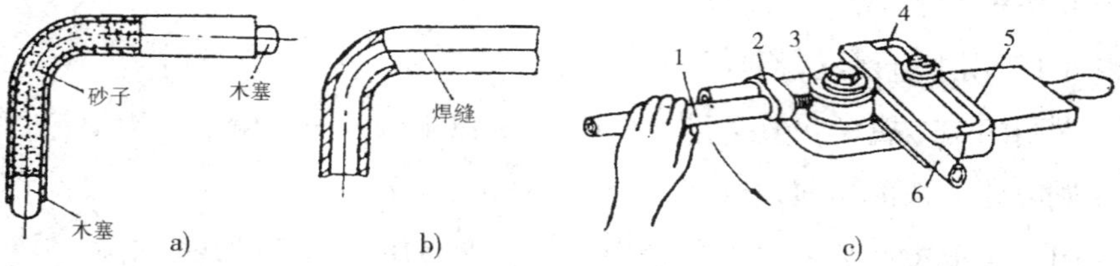

1- 手柄；2- 钩子；3- 转盘；4- 靠铁；5- 底板；6- 管子

图 10－17　冷弯管子法

（2）热弯法

热弯管子时，应先在管子内装满、灌实已烘干的砂子，管子两端用木塞塞紧（木塞上留小气孔，便于排气）。在弯曲部位用湿粉笔做好标记，再用火加热弯曲部位，加热后取下管子，放在弯管器上（图 10–17c）进行弯曲。

四、矫正及弯曲产生废品的原因及预防方法

1. 工件的表面有锤痕和麻点

（1）原因

锤头表面不光滑，锤击时用锤边打击工件。工作时，未垫木块或软金属，直接对已加工的工件表面进行锤击。

（2）预防方法

正确使用工具，锤击时要平、要稳；在已加工工件的表面要垫上硬木，或使用铜、铅等软金属锤。

2. 工件断裂

（1）原因

弯曲次数太多，材料的塑性较差，弯曲半径太小或弯曲线位置选择不适当。

（2）预防方法

尽量减少弯曲次数，选择塑性好的材料，按规定选择最小弯曲半径，正确选择弯曲位置。

3. 工件歪斜或尺寸不准

（1）原因

工件夹持不正、不牢固，锤击偏向一边，或选用模具不正确，锤击力过大；毛坯尺寸计算错误。

（2）预防方法

选用正确的工具、模具，夹持工件要正确牢固，锤击力要适当，计算毛坯尺寸时要细心、校正准确。

4. 管子熔化或表面严重氧化

（1）原因

对管子加热不均匀，加热温度过高。

（2）预防方法

在加热时要经常翻动工件，加热温度控制在700℃左右。

5. 管子有瘪痕和焊缝裂开

（1）原因

没有灌满砂子或弯曲半径小，重新弯曲引起瘪痕，焊缝没放在中性层位置上。

（2）预防方法

灌满砂子，尽量一次弯曲成功；把焊缝放在中性层位置上，按规定选择最小弯曲半径。

五、安全注意事项

1. 操作前要认真仔细地对使用的台虎钳、铁砧、平板、手锤、铜锤、木槌等逐一进行检查、排除不安全因素；

2. 工作中要按正确方法细心操作，仔细检查，校正计算尺寸，避免出现废品；

3. 选好弯管方法，标明管子焊缝位置，一定放在中性层位置上弯管；

4. 做好场地准备，配备有关防护品（防护眼镜、手套等）；注意握手锤的手不准戴手套。

复习题

1. 何谓金属矫正？常用的方法有几种？
2. 怎样对中间凸起的板料进行矫正？
3. 试述金属弯曲后弯形情况与哪些因素有关。
4. 求图 10—18 所示的工件毛坯长度。

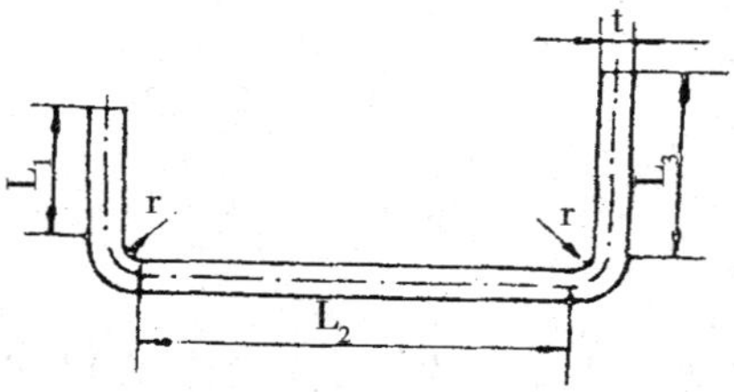

图 10 – 18　弯曲工件毛坯尺寸图

已知：L_1=60mm，L_2=150mm，L_3=100mm，r=10mm，t=4mm。

5. 将直径 6mm 的圆钢弯成内径为 100mm 的圆环，求圆钢的下料长度。

第十一章　装配的基础知识

第一节 装配工艺概述

机械产品一般由许多零件和部件组成。按规定的技术要求，将若干个零件结合成部件或若干个零件和部件结合成机器的过程称为装配。

在研究装配工艺之前，必须对机械产品的组成有充分了解。

一、机器的组成

1. 零件

构成机器的最小单元，如一根轴、一颗螺钉等。

2. 部件

两个或两个以上零件结合形成机器的某部分，如车床主轴箱、进给箱、滚动轴承等都是部件。

部件是个通称，其划分是多层次的。直接进入产品总装的部件称为组件；直接进入组件装配的部件称为一级分组件；直接进入一级分组件装配的部件称为二级分组件；其余类推。产品越复杂，分组件级数越多（图11–1）。

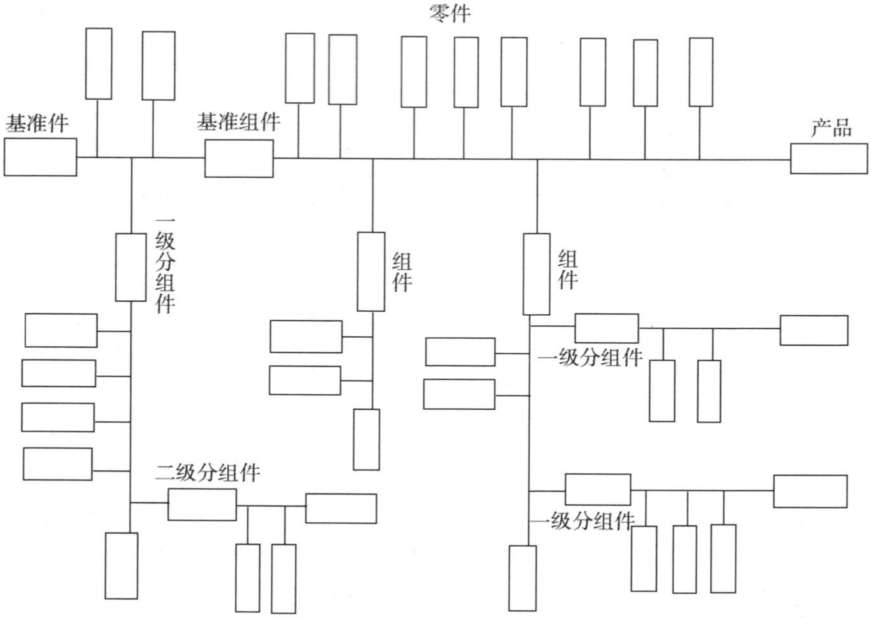

图 11－1　组件与分组件划分

3. 装配单元

可以独立进行装配的部件称为装配单元。任何一个产品都能分成若干个装配单元。

4. 装配基准件

最先进入装配的零件称为装配基准件，它可以是一个零件，也可以是低一级的装配单元。

二、装配工艺过程

产品的装配工艺包括以下四个过程。

1. 装配前的准备工作

（1）熟悉产品装配图、工艺文件和技术要求，了解产品的结构、零件的作用以及相互连接关系。

（2）确定装配方法、顺序并准备所需要的工具。

（3）对装配的零件进行清洗，去除零件上的毛刺、铁锈、切屑、油污。

（4）对某些零件还需要进行刮削等修配工作，有些特殊要求的零件还要进行平衡试验、密封性试验等。

2. 装配工作

结构复杂的产品，其装配工作常分为部件装配和总装配。

（1）部件装配

指产品在进入总装以前的装配工作。凡是将两个以上的零件组合在一起或将零件与几个组件结合在一起，成为一个装配单元的工作，均称为部件装配。

（2）总装配

指将零件和部件结合成一台完整产品的过程。

3. 调整、精度检验和试车

（1）调整工作是指调节零件或机构的相互位置、配合间隙、结合程度等，目的是使机构或机器协调工作。如轴承间隙、镶条位置、蜗轮轴向位置的调整。

（2）精度检验包括几何精度检验和工作精度检验等。如车床总装后要检验主轴中心线和床身导轨的平行度、中拖板导轨和主轴中心线的垂直度以及前后两顶尖的等高。工作精度一般指切削试验，如使用车床进行车圆柱或车端面试验。

（3）试车是指试验机构或机器运转的灵活性、振动、工作温升、噪声、转速、功率等性能参数是否符合要求。

4. 喷漆、涂油、装箱

机器装配之后，为了使其美观、防锈和便于运输，还要做好喷漆、涂油和装箱工作。

三、装配工作的组织形式

装配工作的组织形式因生产类型和产品复杂程度而不同，一般分为固定式装配和移动式装配两种。

1. 固定式装配

固定式装配是指将产品或部件的全部装配工作安排在一个固定的工作地点进行，在装配过程中产品的位置不变，装配所需要的零件和部件都汇集在工作地附近，主要应用于单件生产或小批量生产。

单件生产时（如新产品试制、模具和夹具制造等），产品的全部装配工作均在某一固定地点，由一个工人或一组工人去完成。这样的组织形式装配周期长、占地面积大，并要求工人具备综合技能。

成批生产时，装配工作通常分为部件装配和总装配，每个部件由一个工人或一组工人来完成，然后进行总装配，一般应用于较复杂的产品，如机床、飞机的制造。

2. 移动式装配

移动式装配是指工作对象（部件或组件）在装配过程中，按顺序由一个工人转移至另一个工人。这种转移可以是装配对象的移动，也可以是工人自身的移动。通常把这种装配组织形式叫流水装配法。移动装配时，常利用传送带、滚道或轨道上行走的小车来运送装配对象。每个工作地点重复地完成固定的工作内容，并且广泛地使用专用设备和专用工具，因而装配质量好，生产效率高，生产成本低，适用于大批量生产，如汽车、拖拉机的装配。

四、装配工艺的制定

在编制装配工艺时，为了便于分析研究，首先要把产品分解，划分为若干个装配单元，绘制产品装配系统图，再划分出装配工序和工步，制定装配工艺。

1. 产品装配系统图的绘制

表示产品装配单元的划分及其装配顺序的图称为产品装配系统图。图 11–2 所示为某圆锥齿轮轴组件的装配图，可按图 11–3 分解其装配顺序，而图 11–4 则为该组件的装配系统图。

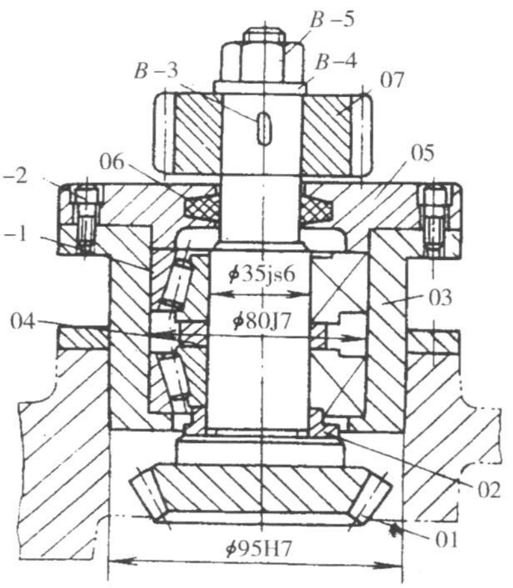

01- 锥齿轮轴；02- 衬垫；03- 轴承套；04- 隔圈；
05- 轴承盖；06- 毛毡圈；07- 圆柱齿轮；B-1—轴承；
B-2—螺钉；B-3—键；B-4—垫圈；B-5—螺母

图 11－2 圆锥齿轮轴组件

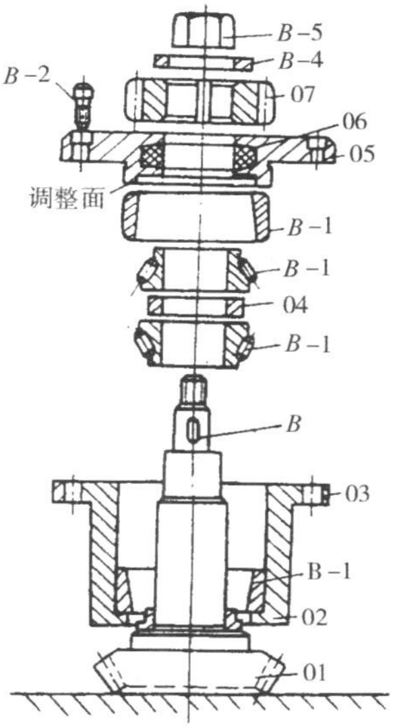

图 11－3 圆锥齿轮轴组件装配顺序

绘制装配单元系统图时，先画一条横线，在横线左端画出代表基准件的长方格，在横线右端画出代表产品的长方格，然后按装配顺序，从左向右将代表直接装到产品上的零件或组件的长方格从水平线引出，零件画在横线上方，组件画在横线下方。用同样方法可把每一组件及分组件的系统图展开画出。

长方格内要注明零件或组件的名称、编号和件数。

产品装配系统图能反映装配的基本过程和顺序，以及各部件、组件、分组件和零件的从属关系，从中可看出各工序之间的关系和采用的装配工艺等。

2. 装配工序及装配工步的划分

通常将整台机器或部件的装配工作分成装配工序和装配工步顺序进行。由一个工人或一组工人在不更换设备或地点的情况下完成的装配工作，叫作装配工序。用同一工具，不改变工作方法，并在固定的位置上连续完成的装配工作，叫作装配工步。部件装配和总装配都是由若干个装配工序组成，一个装配工序中可包括一个或几个装配工步。

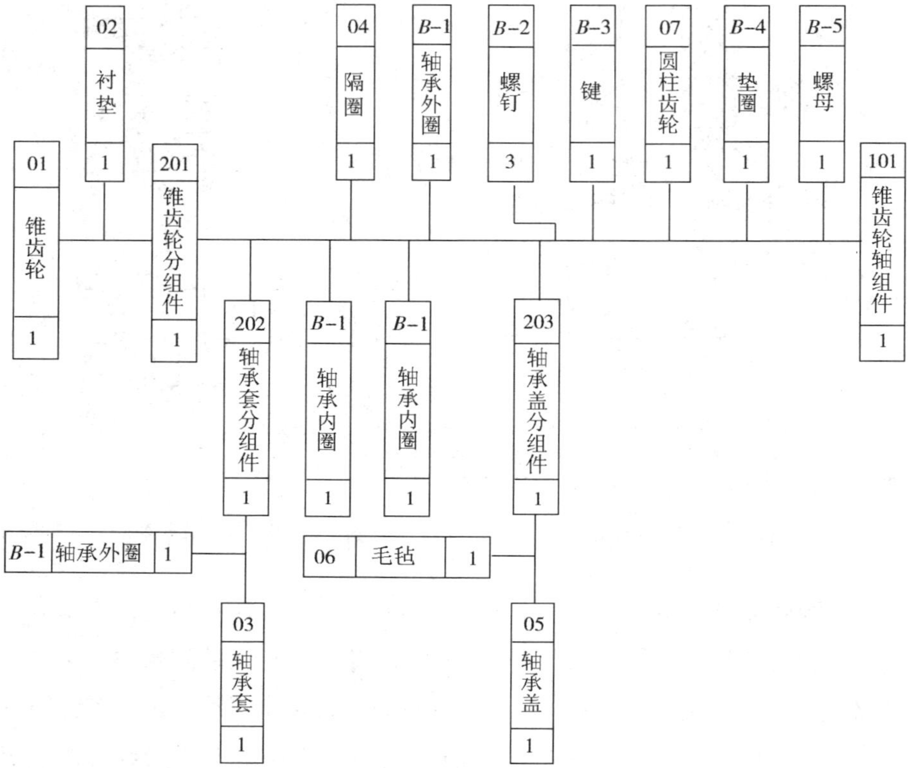

图 11－4　圆锥齿轮轴组件装配系统图

从图 11-4 可看出，锥齿轮轴组件装配可分成锥齿轮分组件装配、轴承套分组件（202）装配、轴承盖分组件（203）装配和锥齿轮轴组件总成装配四个工序进行。

第二节　尺寸链和装配方法

一、尺寸链的基本概念

产品中某些零件相互位置的正确关系是由零件尺寸和制造精度所确定的，即零件精度直接影响装配精度。

例如，齿轮孔与轴配合间隙 $A_{\triangle}$ 的大小，与孔径 A_1 及轴径 A_2 的大小有关（图 11–5a）；又如齿轮端面和箱内壁凸台端面配合间隙 $B_{\triangle}$ 的大小，与箱内壁凸台端面距离尺寸 B_1、齿轮宽度 B_2 及垫圈厚度 B_3 的大小有关（图 11–5b）；再如机床床鞍和导轨之间配合间隙 $C_{\triangle}$ 的大小，与尺寸 C_1、C_2 及 C_3 的大小有关（图 11–5c）。

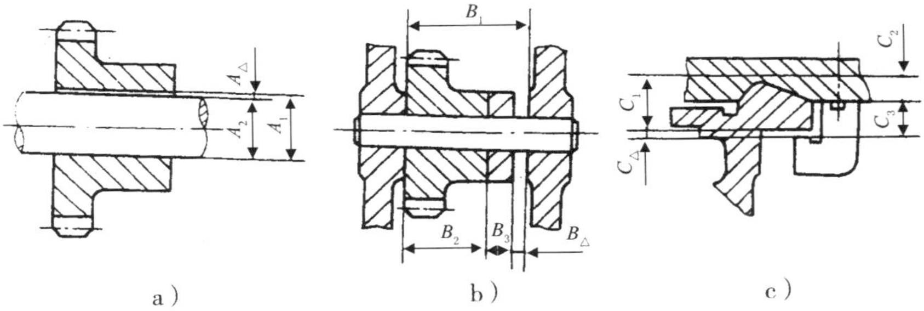

图 11－5　装配尺寸链的形成

如果把这些影响某一装配精度的尺寸彼此按顺序连接起来，可构成一个封闭外形。图 11–6a 所示，设计图样上标注的设计尺寸为 A_1、A_0，钻孔时若以左侧面为定位基准，则 A_2 及 A_1 为钻孔时工艺尺寸（或工序尺寸），A_0 则变为加工过程中最后形成的尺寸。此时，A_1、A_2、A_0 将形成封闭外形（图 11–6b）。

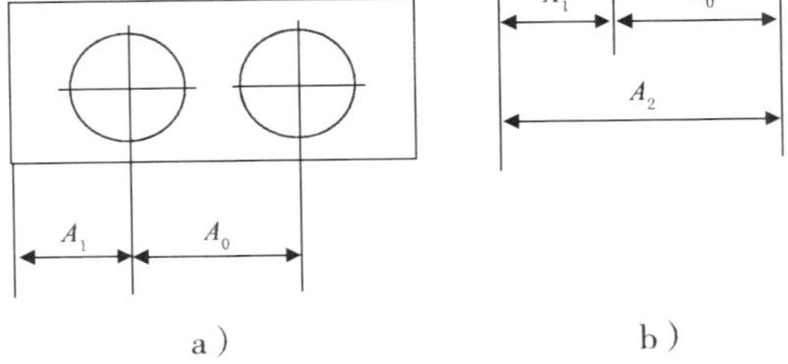

图 11－6　工艺尺寸链形成

1. 尺寸链概念

在机器装配或零件加工过程中，由相互连接的尺寸形成的封闭尺寸组，称为尺寸链。

尺寸链按其功能分为设计尺寸链和工艺尺寸链。

（1）设计尺寸链

全部组成尺寸为设计尺寸所形成的尺寸链。设计尺寸链又分两种：

1）装配尺寸链：全部组成尺寸为不同零件设计尺寸所形成的尺寸链。

2）零件尺寸链：全部组成尺寸为同一零件的设计尺寸所形成的尺寸链。

（2）工艺尺寸链

全部组成尺寸为同一零件的工艺尺寸所形成的尺寸链。所谓工艺尺寸，是加工要求而形成的尺寸，如工序尺寸、定位尺寸等。

2. 装配尺寸链简图

装配尺寸链可在装配图中找出。为简便起见，通常不绘出该装配部分的具体结构，也不必按严格的比例，而只是依次绘出各有关尺寸，排列成封闭外形即可。图 11–5 所示的三种情况，其尺寸链简图如图 11–7 所示。

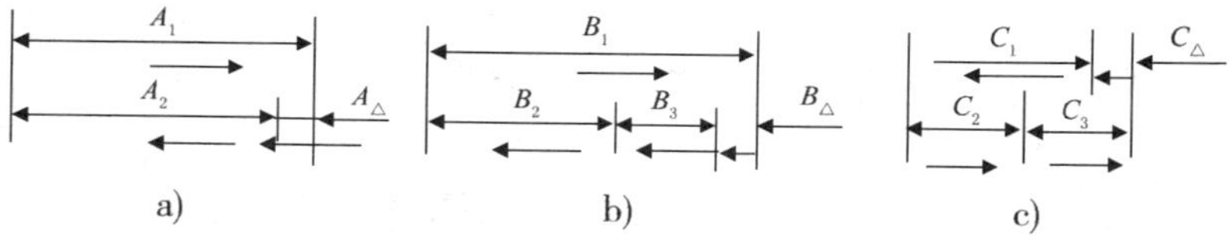

图 11 – 7　尺寸链简图

绘制尺寸链简图时，应由装配要求的尺寸首先画起，然后依次绘出与该项要求有关联的各个尺寸。

3. 尺寸链的环

构成尺寸链的每一个尺寸都称为尺寸链的“环”，每个尺寸链至少应有三个环。

（1）封闭环

在零件加工或机器装配过程中，最后自然形成（间接获得）的尺寸，称为封闭环。一个尺寸链只有一个封闭环，如上例中的 $A_\triangle$、$B_\triangle$、$C_\triangle$等。

装配尺寸链中，封闭环即装配技术要求。

（2）组成环

尺寸链中除封闭环以外的其余尺寸均称为组成环。同一尺寸链中的组成环，用同一字母表示，如上例中的A_1、A_2、B_1、B_2、B_3、C_1、C_2、C_3。等。

（3）增环

在其他组成环不变的条件下，当某组成环增大时，封闭环随之增大，那么该组成环称为增环，如图 11–7 中，A_1、B_1、C_2、C_3 为增环。增环用符号 $\overrightarrow{A_1}$、$\overrightarrow{B_1}$、$\overrightarrow{C_2}$、$\overrightarrow{C_3}$ 表示。

（4）减环

在其他组成环不变的条件下，当某组成环增大时，封闭环随之减小，那么该组成环称为减环，如图 11–7 中，A_2、B_2、B_3，C_1 为减环。减环用符号 $\overleftarrow{A_2}$、$\overleftarrow{B_2}$、$\overleftarrow{B_3}$、$\overleftarrow{C_1}$ 表示。

增环和减环可用简易方法判断：在尺寸链图上，假设一个旋转方向，即由尺寸链任一环的基面出发，绕其轮廓顺时针方向或逆时针方向转一周，回到这一基面。按该旋转方向给每个环标出箭头（图 11–7）。凡是箭头方向与封闭环相反的为增环；箭头方向与封闭环相同的为减环。

4. 封闭环极限尺寸及公差

由尺寸链简图可以看出，封闭环的基本尺寸 =（所有增环基本尺寸之和）–（所有减环基本尺寸之和），即：

$$A_{\triangle}=\sum^{m}\overrightarrow{A_i}-\sum^{n}\overleftarrow{A_i}$$

式中，m——增环的数目；

n——减环的数目。

由此可得出封闭环极限尺寸与各组成环极限尺寸的关系。

（1）当所有增环都为最大极限尺寸，而减环都为最小极限尺寸时，则封闭环为最大极限尺寸，可用下式表示：

$$A_{\triangle\max}=\sum^{m}\overrightarrow{A}_{i\max}-\sum^{n}\overleftarrow{A}_{i\min}$$

式中，$A_{\triangle max}$——封闭环最大极限尺寸；

$\overrightarrow{A}_{imax}$——第 i 个增环最大极限尺寸；

$\overleftarrow{A}_{imin}$——第 i 个减环最小极限尺寸。

（2）当所有增环都为最小极限尺寸，而减环都为最大极限尺寸时，则封闭环为最小极限尺寸，可用下式表示：

$$A_{\triangle min}=\sum^{m}\overrightarrow{A}_{\triangle max}-\sum^{n}\overleftarrow{A}_{imin}$$

式中，$A_{\triangle min}$——封闭环最小极限尺寸；

$\overrightarrow{A}_{imin}$——第 i 个增环最小极限尺寸；

$\overleftarrow{A}_{imax}$——第 i 个减环最大极限尺寸。

将两式相减，可得封闭环公差为：

$$\delta_{\Delta}=\sum^{m+n}\delta_{i}$$

式中，δ_{Δ}——封闭环公差；

δ_{1}——某组成环公差。

上式表明，封闭环的公差等于各组成环的公差之和。

例 1：图 11–5b 所示齿轮轴装配中，要求装配后齿轮端面和箱体凸台端面之间具有 0.1mm~0.3mm 的轴向间隙。已知 $B_1=(80^{+0.1}_{0})$ mm, $B_2(60^{0}_{-0.06})$ mm ，问 B_3 尺寸应控制在什么范围内才能满足装配要求？

解：① 根据题意绘制尺寸链简图（图 11–8）。

② 确定封闭环、增环、减环分别为 $B_{\triangle}$、$\overrightarrow{B}_1$、$\overleftarrow{B}_2$、$\overleftarrow{B}_3$。

③ 列尺寸链方程式，计算 B_3：

$$B_{\triangle}=B_1-(B_2+B_3)$$

$$B_3=B_1-B_2-B_{\triangle}$$

$$=80-60-0$$

$$=20\ (\text{mm})$$

④ 确定 B_3 极限尺寸：

$$B_{\triangle max}=B_{1max}-(B_{2min}+B_{3min})$$

$$B_{3min}=B_{1max}-B_{2min}-B_{\triangle max})$$

$$=80.1-59.94-0.3$$

$$=19.86\ (mm)$$

$$B_{\triangle min}=B_{1min}-(B_{2max}+B_{3max})$$

$$B_{3max}=B_{1min}-B_{2max}-B_{\triangle min})$$

$$=80-60-0.1$$

$$=19.9\ (mm)$$

$$\therefore \quad B_3=(20_{-0.14}^{-0.10})\ mm$$

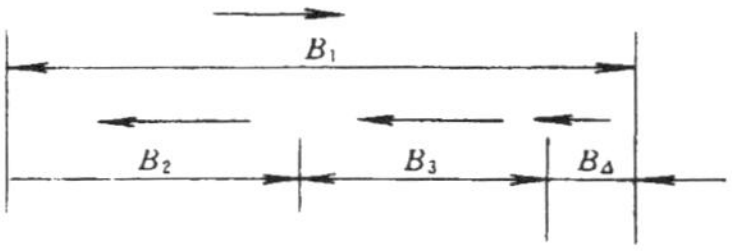

图 11－8　尺寸链简图

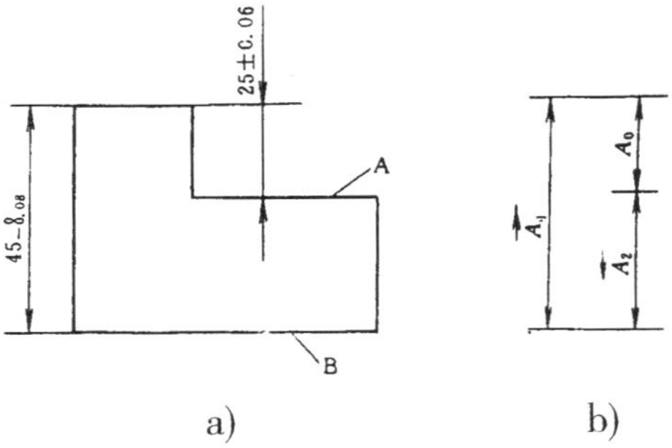

图 11－9　工件加工要求

例 2：由钳工锉削图 11–9a 所示的零件，因条件所限，仅有外径千分尺供测量使用。问 A、B 间距离应控制在什么尺寸范围内才能满足加工要求？

解：①根据题意绘制出尺寸链简图（图 11–9b）。

②确定封闭环、增环和减环。A_1、A_2 为直接测得尺寸，25 ± 0.06 为间接得到的尺寸，为封闭环；显然有 $\vec{A}_1$、$\overleftarrow{A}_2$。

③计算 A_2：

$$A_2=A_1-A_0$$

$$=45-25$$

$$=20\ (mm)$$

④确定 A_2 的极限尺寸：$A_{2max}=A_{1min}-A_{0min}$

$=45-0.08-25+0.06$

$=19.98$（mm）

$A_{2min}=A_{1max}-A_{0max}$

$=45-25-0.06$

$=19.94$（mm）

$\therefore\quad A_2=$（$20^{-0.02}_{-0.06}$）mm

二、常用的装配方法

产品的装配过程不是简单地将相关零件连接起来，而是每一步装配工作都应满足预定的装配要求，即应达到一定的装配精度。通过尺寸链分析可知，由于封闭环公差等于组成环公差之和，装配精度取决于零件制造公差，但零件制造精度过高，会导致生产成本增加。为正确处理装配精度与零件制造精度两者的关系，妥善处理生产成本与使用要求的矛盾，形成了许多不同的装配方法。

1. 完全互换装配法

在同类零件中，任取一个装配零件，不经修配即可装入部件中，并能达到规定的装配要求，这种装配方法称为完全互换装配法。此方法的特点是：

（1）装配操作简便，生产效率高。

（2）容易确定装配时间，便于组织流水装配线。

（3）零件磨损后，更换方便。

（4）零件加工精度要求高，制造成本随之增加，因此适用于组成环数少、精度要求不高的场合或大批量生产。

2. 选择装配法

选择装配法有直接选配法和分组选配法两种。

（1）直接选配法是由装配工人直接从一批零件中选择“合适”的零件进行装配。这种方法比较简单，其装配质量凭工人的经验和感觉来确定，装配效率不高。

（2）分组选配法是将一批零件逐一测量后，按实际尺寸的差别分成若干组，然后将尺寸大的包容件（如孔）与尺寸大的被包容件（如轴）相配，将尺寸小的包容件与尺寸小的被包容件相配。这种装配方法的配合精度取决于分组数，即增加分组数可以提高装配精度。

分组选配法的特点是：

1）经分组选配后零件的配合精度高。

2）因零件制造公差放大，所以加工成本降低。

3）增加了对零件测量分组的工作量，并需要加强对零件的储存和运输管理，可能造成半成品和零件的积压。

分组选配法常用于大批量生产中装配精度要求很高、组成环数较少的场合。

3. 修配装配法

装配时，修去指定零件上预留修配量以达到装配精度的装配方法。

修配装配法的特点是：

（1）通过修配得到装配精度，可降低零件制造精度。

（2）装配周期长，生产效率低，对工人技术水平要求较高。

修配法适用于单件和小批量生产以及装配精度要求高的场合。

4. 调整装配法

装配时调整某一零件的位置或尺寸以达到装配精度的装配方法。一般采用斜面、锥面、螺纹等移动可调整件的位置；采用调换垫片、垫圈、套筒等方式控制调整件的尺寸。

调整装配法的特点是：

（1）零件可按经济精度确定加工公差，装配时通过调整达到装配精度。

（2）使用中还可定期进行调整以保证配合精度，便于维护与修理。

（3）生产效率低，对工人技术水平要求较高。

除必须采用分组装配的精密配件外，调整法一般可用于各种装配场合。

三、装配尺寸链的解法

不论采用哪种装配方法，都需要应用尺寸链的概念，正确解决装配精度与零件制造精度的关系问题，即封闭环公差与组成环公差的合理分配。装配方法不同时，两者关系也不同。

根据装配精度（即封闭环公差）对有关尺寸链进行正确分析，并合理分配各组成环公差的过程，称为解尺寸链。它是保证装配精度、降低产品制造成本、正确选择装配方法的重要依据。

1. *完全互换法解尺寸链*

按完全互换装配法的要求解有关的装配尺寸链，称为完全互换法解尺寸链。此时，装配精度由零件制造精度来保证，其工艺计算的一般步骤如下所示：

例 3：图 11–10a 所示齿轮箱部件，其装配要求是轴向窜动量为 $A_{\triangle}=0.2\text{mm}\sim0.7\text{mm}$。已知 A_1=122mm，A_2=28mm，A_3=A_5=5mm，A_4=140mm，试用完全互换法解此尺寸链。

解：①根据题意绘出尺寸链简图，并校验各环基本尺寸。图 11–10b 所示为尺寸链简图，其中 A_1、A_2 为增环，A_3、A_4、A_5 为减环，$A_{\triangle}$为封闭环。

$$A_{\triangle}=(A_1+A_2)-(A_3+A_4+A_5)$$
$$=(122+28)-(5+140+5)$$
$$=0$$

可见各环基本尺寸确定无误。

②确定各组成环尺寸公差及极限尺寸。首先求出封闭环公差：

$$\delta_{\triangle}=0.7-0.2=0.5\ (\text{mm})$$

根据 $\delta_{\Delta}=\sum^{m+n}\delta_i=\delta_1+\delta_2+\delta_3+\delta_4+\delta_5=0.50\text{mm}$ ，同时考虑各组成环尺寸的加工难易程度，合理分配各环尺寸公差：

$$\delta_1=0.20\text{mm},\delta_2=0.10\text{mm},\delta_3=\delta_5=0.05\text{mm},\delta_4=0.10\text{mm}$$

再按“入体原则”（入体原则是指标注工件尺寸公差时，应向材料实体方向单向标注）分配偏差。

A_1=（$122^{+0.20}_{\ 0}$）mm，A_2=（$28^{+0.10}_{\ 0}$）mm，A_3=A_5=（$5^{\ 0}_{-0.05}$）mm

③确定协调环。为了能满足装配精度要求，应在各组成环中选择一个环，其极限尺寸由封闭环极限尺寸方程式来确定，此环称为协调环。一般以便于制造且可用通用量具测量的尺寸充当协调环，此题定为 A_4。

$$A_{4\min}=A_{1\max}+A_{2\max}-A_{3\min}-A_{5\min}-A_{\triangle\max}$$
$$=122.20+28.10-4.95-4.95-0.7$$
$$=139.70\ (\text{mm})$$
$$A_{4\max}=A_{1\min}+A_{2\min}-A_{3\max}-A_{5\max}-A_{\triangle\min}$$
$$=122+28-5-5-0.2$$
$$=139.80\ (\text{mm})$$
$$\therefore\quad A_4=(140^{-0.20}_{-0.30})\ \text{mm}$$

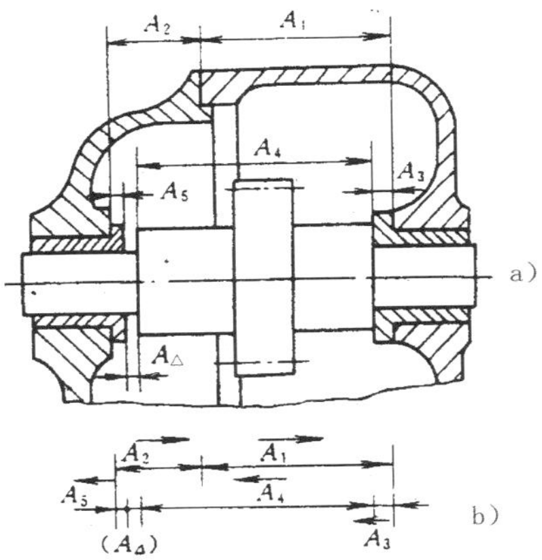

图 11－10 齿轮轴装配图

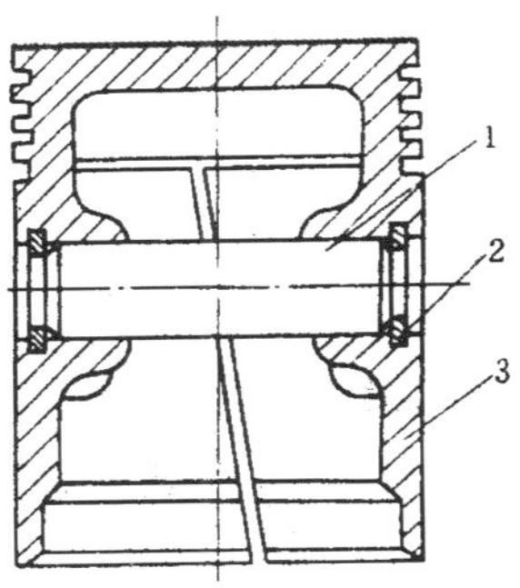

1- 活塞销；2- 挡圈；3- 活塞

图 11－11 活塞与活塞销装配简图

2. 分组选择装配法解尺寸链

分组选择装配法是将尺寸链中组成环的制造公差放大到经济精度的程度，然后分组进行装配，以保证规定的装配精度。装配质量不取决于零件制造公差，而取决于分组情况。具体方法在例 4 中分析。

例 4：图 11-11 为某发动机内直径为 28mm 的活塞销与活塞孔的装配示意图。其装配技术要求：销子与销孔的冷态装配时，应有 0.01mm~0.02mm 的过盈量。试用分组装配法解该尺寸链并确定各组成环的偏差值。设轴、孔的经济公差均为 0.02mm。

解：①先按完全互换法确定各组成环的公差和偏差值：

$$\delta_{\triangle}=(-0.01)-(-0.02)=0.01\ (\text{mm})$$

取 $\delta_1=\delta_2=0.005$mm（等公差分配）。

活塞销的公差带分布位置应为单向负偏差（基轴制原则），即销子尺寸应为：$A_1=(28_{-0.005}^{\ \ 0})$ mm

根据题意画出轴、孔公差带图（图 11–12a）。

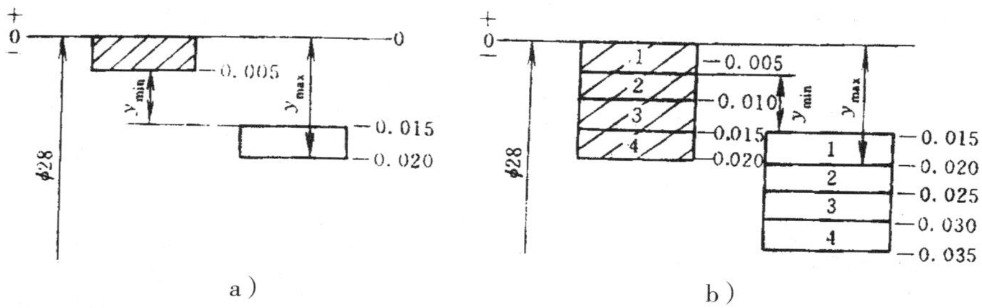

图 11 – 12　销子与销孔的尺寸公差带

相应地，销孔尺寸由图 11–12a 可知：

$$A_2=(28_{-0.020}^{-0.015})\ \text{mm}$$

②将得出的组成环公差均扩大四倍，得到 4×0.005=0.02（mm）的经济制造公差。

③按相同方向扩大制造公差，得销子极限尺寸为 28mm，销孔极限尺寸为（28–0.015）mm（图 11–12b）。

④制造后，按实际加工尺寸分四组（图 11–12b）。装配时，大尺寸的孔与大尺寸轴配合，小尺寸孔与小尺寸轴配合，各组配合的过盈见表 11–1。因分组配合公差与允许配合公差相同，所以符合装配要求。

表 11-1　活塞销和活塞销孔的分组尺寸（mm）

组别	活塞销直径	活塞销孔直径	配合情况	
			最小过盈	最大过盈
1	$\phi28_{-0.005}^{0}$	$\phi28_{-0.020}^{-0.015}$	0.010	0.020
2	$\phi28_{-0.010}^{-0.005}$	$\phi28_{-0.025}^{-0.020}$		
3	$\phi28_{-0.015}^{-0.010}$	$\phi28_{-0.030}^{-0.025}$		
4	$\phi28_{-0.020}^{-0.015}$	$\phi28_{-0.035}^{-0.030}$		

3. 修配法解尺寸链

采用修配法时，尺寸链各尺寸均按经济公差制造。装配时，封闭环的总误差有时会超出规定的允许范围，为了达到规定的装配精度，必须把尺寸链中某一零件加以修配，才能予以补偿。要进行修配的组成环叫作修配环，也叫补偿环。通常，选择容易加工修配，并且对其他尺寸没有影响的零件作为修配环。

修配法解尺寸链的主要任务是确定修配环在加工时的实际尺寸，保证修配时有足够的、最小的修配量。

例 5：如图 11–13 所示，为保证精度要求，卧式车床前后顶尖中心线只允许尾座高出 0 ~ 0.06mm。已知 A_1=202mm，A_2=46mm，A_3=156mm，组成环经济公差分别为 $\delta_1=\delta_3$=0.1mm（镗模加工），δ_2=0.5mm（半精刨）。试用修配法解该尺寸链。

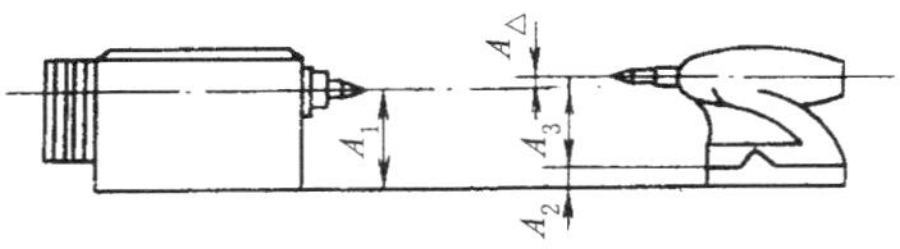

图 11 – 13　修刮尾座底板

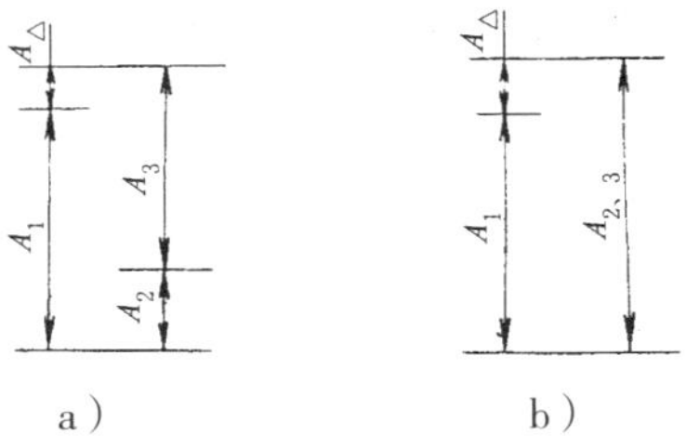

图 11 – 14　车床前后顶尖中心线尺寸链简图

解：①根据题意画出尺寸链简图（图 11–14a）。实际生产中，通常把尾座体和尾座底板的接触面先配制好，并以尾座底板的底面为定位基准，精镗尾座体上的顶尖套孔，其经济加工精度为 0.1mm，装配时尾座体与底板是作为一个整体进入总装的。因此，原组成环 A_2 和 A_3 合并成一个环 $A_{2、3}$（图 11–14b）。此时，装配精度取决于 A_1 的制造精度（δ_1=0.1mm）及 $A_{2、3}$ 的制造精度（$\delta_{2、3}$=0.1mm）。选定 $A_{2、3}$ 为修配环。

②根据经济加工精度确定各组成环的制造公差及公差带分布位置（图 11–15）。

$$A_1=202\pm0.05\ (\text{mm})$$

$$A_{2、3}=A_2+A_3=(46+156)\pm0.05$$

$$=202\pm0.05\ (\text{mm})$$

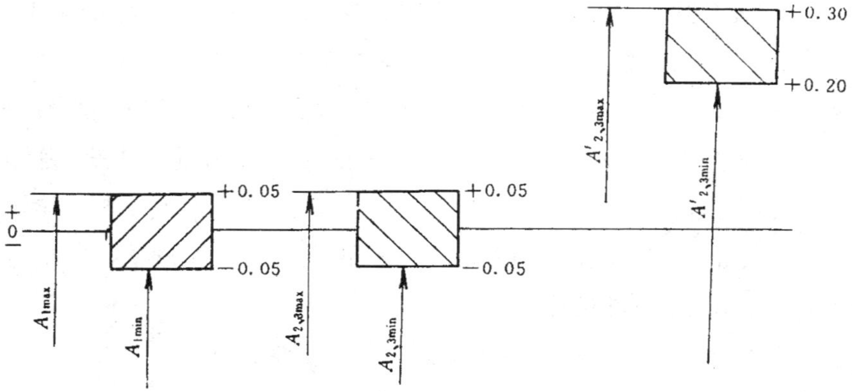

图 11 – 15　刮前余量示意图

③确定修配环尺寸。对 A_1 及 $A_{2、3}$ 的极限尺寸进行分析可知，当 A_{1min}=201.95mm，$A_{2、3max}$=202.05mm 时，要满足装配要求，$A_{2、3}$ 应有 0.04mm ~ 0.10mm 的刮削余量，刮削后 $A_{\triangle}$ 为 0 ~ 0.06mm。当 A_{1max}=202.05mm，$A_{2、3min}$=201.95mm 时则已没有刮削余量。

为了保证必要的刮削余量，就应将 $A_{2、3}$ 的极限尺寸加大；为使刮削量不致过大，又应限制 $A_{2、3}$ 的增大值，一般认为，最小刮削余量不应小于 0.15mm。这样，为保证当 A_{1max}=202.05mm 时仍有 0.15mm 的刮削余量，则应使 $A'_{2、3min}$=202.05+0.15=202.20（mm）。

考虑到 $A_{2、3}$ 的制造公差，则

$$A'_{2、3max}=202.20+0.10$$
$$=202.30\ (mm)$$

所以，修配环的实际尺寸应为

$$A'_{2、3}=(202^{+0.30}_{+0.20})\ mm$$

④计算最大刮削量 Z_{ko}。从图 11–15 知，当 $A'_{2、3max}$=202.30mm，A_{1min}=201.95mm 时，若要满足装配要求，$A'_{2、3max}$ 应刮至 201.95mm~202.01mm，刮削余量为 0.29mm~0.35mm，此余量即为最大刮削余量。

4. 调整法解尺寸链

调整法解尺寸链时，改变调整环的方法有两种。

（1）可动调整法

即用改变零件位置来达到装配精度的方法（图 11–16）。此处将套筒作为调整件，齿轮轴向尺寸 A_1 及机体尺寸 A_2 均按经济公差加工，装配时使套筒沿轴向移动（即调整 A_3），直至达到规定的间隙为止，然后，通过机体上预先做好的螺孔，在套筒上钻一个沉坑，使用紧定螺钉固定套筒。

（2）固定调整法

这种方法是在尺寸链中选定一个或加入一个零件作为调整环。作为调整环的零件是按一定尺寸间隔级别制成的一组专用零件，根据装配时的需要，选用其中某一级别的零件作补偿，从而保证所需的装配精度（图 11–17）。经常使用的调整件有垫圈、垫片、轴套等。

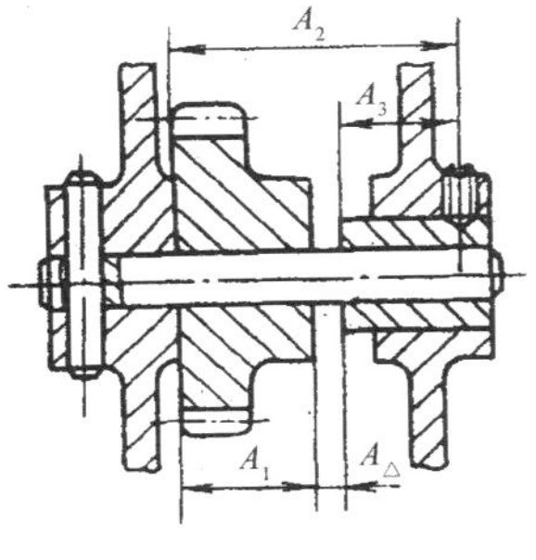

图 11–16　可动调整法

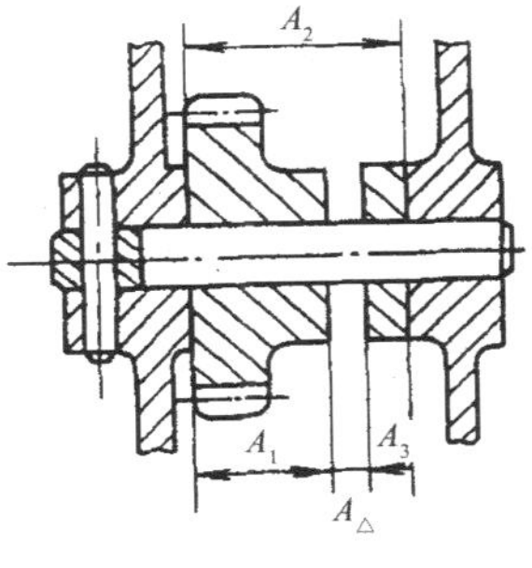

图 11–17　固定调整法

第三节 装配前的准备工作

一、装配零件的清理和清洗

在装配过程中，零件的清理和清洗工作对提高装配质量，延长产品的使用寿命具有重要的意义，特别是对于轴承、精密配合件、液压元件、密封件以及有特殊清洗要求的零件更为重要。清理和清洗工作做得不好，会使轴承发热且过早失去精度，还会因为污物和毛刺划伤配合表面，使相对滑动的工作面出现研伤，甚至发生咬合等严重事故；以及油路堵塞，造成相互运动的零件之间得不到良好的润滑，使零件磨损加快。为此，装配过程中必须认真做好零件的清理和清洗工作。

1. 零件的清理

零件的清理包括：清理零件上残存的型砂、铁锈、切屑、研磨剂等，特别是要仔细清理小孔、沟槽等易存杂物的角落。对于箱体、机体内部，清理后应刷上淡色油漆。

清除非加工表面（如铸造机座、箱体等）上的型砂和铁渣等，可用錾子、钢丝刷等工具；清理加工面上的铁锈和油漆等则用刮刀、锉刀和砂布等工具。

清理后，用毛刷、皮风箱或压缩空气清理干净。重要的配合面，清理时要注意保持其精度。

2. 零件的清洗

（1）零件的清洗方法

在单件和小批量生产中，零件在洗涤槽内用棉纱或泡沫塑料进行擦洗或冲洗；在大批量生产中，则用洗涤机清洗零件。常用洗涤机有固定清洗装置和超声波清洗装置等。

（2）常用清洗液

常用清洗液有汽油、煤油、柴油和化学清洗液。

1）工业汽油，主要用于清洗油脂、污垢和一般黏附的机械杂质，适用于清洗较精密的零部件。航空汽油用于清洗质量要求更高的零件。

2）煤油和柴油的用途与汽油相似，但清洗能力不及汽油，清洗后干燥较慢，但比汽油安全。

3）化学清洗液，又称乳化剂清洗液，对油脂、水溶性污垢具有良好的清洗效果。这种清洗液配制简单，稳定耐用，无毒，不易燃，使用安全，同时以水代油，可节约能源。如 105 清洗剂、6501 清洗剂，可用于冲洗钢件上以机油为主的油垢和机械杂质。

（3）清洗时的注意事项

1）对于橡胶制品，如密封圈等零件，严禁用汽油清洗，以防发胀变形，而应使用酒精或清洗液进行清洗。

2）清洗零件时，可根据零件的不同精度，选用棉纱或泡沫塑料进行擦拭。不能使用棉纱清洗滚动轴承，以防止棉纱头进入轴承内，影响轴承装配质量。

3）清洗后的零件，应等零件上的油滴干后，再进行装配，以防油污影响装配质量；同时，清洗后的零件不应放置时间过长，暂不装配的零件应妥善保管，以防止脏物和灰尘弄脏零件。

4）零件的清洗工作，可分为一次性清洗和二次清洗。零件在第一次清洗后，应检查配合表面有无碰损和划伤，齿轮的齿部和棱角有无毛刺，螺纹有无损坏，对零件的毛刺和轻微碰损的部位应进行修整，可用油石、刮刀、砂布、细锉进行去刺修光，但应注意不要损伤零件。经过检查修整后的零件，再进行二次清洗。

二、零件的密封性试验

对于某些要求密封的零件，如机床的液压元件、油缸、阀体、泵体等，要求在一定压力下不允许发生漏油、漏水或漏气的现象，即具有可靠的密封性。而零件在铸造过程中出现的砂眼、气孔及疏松等缺陷，常导致液体或气体产生渗漏，因此在装配前应进行密封性试验，否则将给机器的质量带来很大影响。

成批生产时应对零件进行抽查，对加工表面有明显的疏松、砂眼、气孔、裂痕等缺陷的零件不能轻易放过。密封试验有气压法和液压法两种，试验压力可按图样或工艺文件设定。

1. 气压法

气压法适用于工作压力承受能力较小的零件。试验前，将零件各孔全部封闭（可用压盖或塞头），然后浸入水中，并向工件内部通入压缩空气。此时密封的零件在水中应没有气泡，当有渗漏时，可根据气泡密度来判定零件是否符合技术要求（图 11–18）。

2. 液压法

对于容积较小的密封零件，可采用手动油泵进行油压试验，图 11–19 所示为五通滑阀阀体试验。试验前，两端装好密封圈和端盖，并用螺钉均匀紧固，各螺钉孔用锥螺塞拧紧，然后装上接头，使之与油泵相连接。手动油泵将油注入阀体内部，并使液体达到一定压力后，仔细观察阀体各部分是否有泄漏、渗透等现象，即可判定阀体的密封性。

对于容积较大的零件，可采用机动油泵试验。

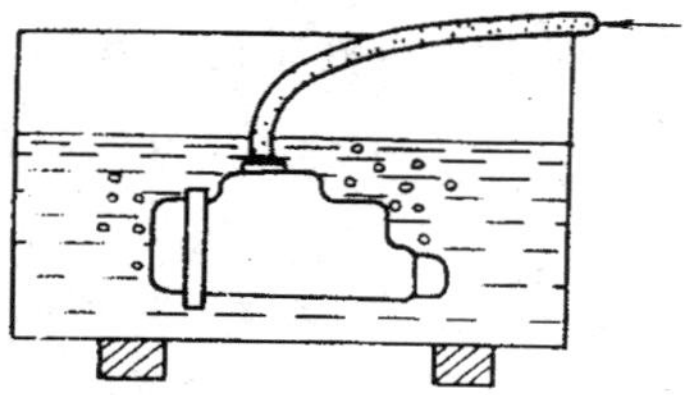

图 11 – 18　气压试验

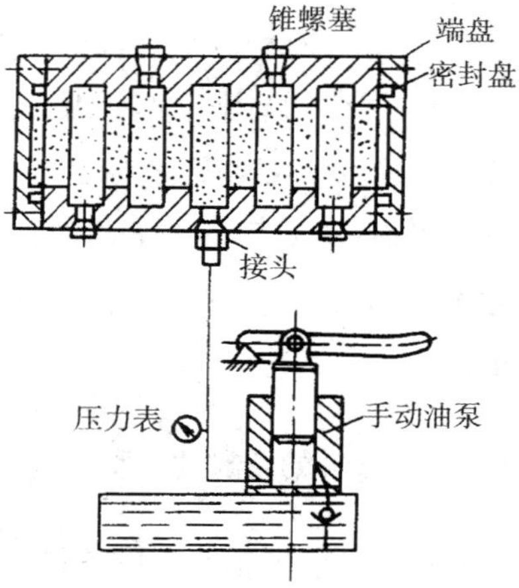

图 11 – 19　液压试验

三、旋转件的平衡

机器中的旋转件（如带轮、飞轮、叶轮及各种转子等），由于材料密度不匀、本身形状对旋转中心不对称、加工或装配产生误差等原因，会造成重心与旋转中心发生偏移，在其径向截面上产生重量不平衡（也称不平衡量）。当旋转件旋转时，因有不平衡量而产生惯性力，其大小与不平衡量大小、不平衡量偏心距离及转速值平方成正比；其方向随旋转产生周期性变化，使旋转中心无法固定，引起机械振动，从而使机器工作精度降低、零件寿命缩短、噪声增大，甚至发生破坏性事故。

1. 旋转件不平衡的形式

（1）静不平衡

图 11–20 所示为旋转件在径向各截面上有不平衡量，但由此产生的惯性力合力通过旋转件重心，不会引起方向（矢量）垂直于旋转轴线的力矩，这种不平衡称为静不平衡。静不平衡的特点是：静止时，不平衡量自然地处于铅垂线下方；旋转时，不平衡惯性力只产生垂直于旋转轴线方向的振动。

（2）动不平衡

图 11–21 所示为旋转件在径向各截面上有不平衡量，且由此产生的惯性力的合力不通过旋转件的重心，所以，旋转件旋转时不仅会产生垂直于旋转轴的振动，还会产生使旋转轴倾斜的振动，这种不平衡称为动不平衡。

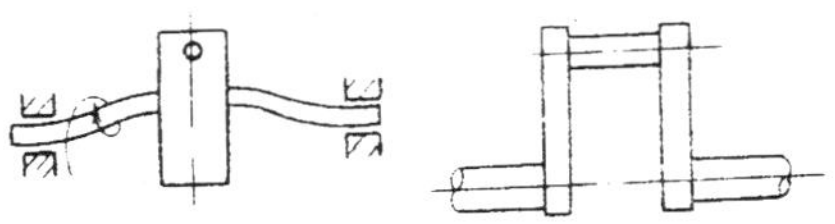

图 11 – 20　零件静不平衡

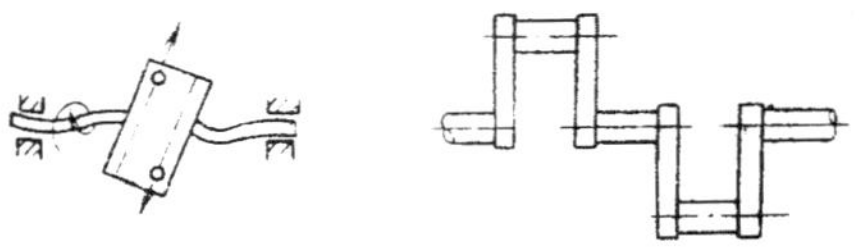

图 11 – 21　零件动不平衡

2. 旋转件的平衡方法

对旋转零件做消除不平衡量的工作，称为平衡。对旋转件静不平衡的消除称为静平衡法，而对动不平衡的消除称为动平衡法。

（1）静平衡法

首先确定旋转件上不平衡量的大小和位置，然后去除或抵消不平衡量对旋转的不良影响。静平衡的步骤如下：

①将待平衡的旋转件装上芯轴后，放在平衡支架上。平衡支架的支承应采用圆柱式或窄棱式(图 11–22)。支承面应坚硬、光滑，并有较高直线度、平行度和水平度，以使旋转件在其上滚动时有较高的灵敏度。

②用手轻推旋转体使其缓慢转动，待自动静止后在旋转件正下方做记号，重复转动若干次，若所做记号位置确实不变，则记号方向为不平衡量方向。

③在与记号相对部位粘贴重量为 m 的橡皮泥，使 m 对旋转中心产生的力矩恰好等于不平衡量 G 对旋转中心产生的力矩，即 $mr=Gl$（图 11–23）。此时，旋转件获得静平衡。

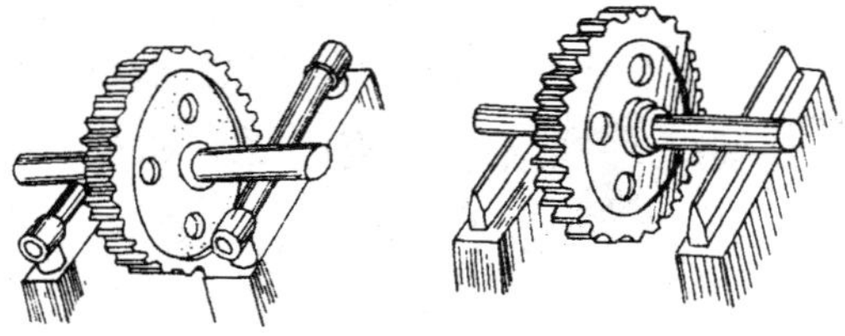

a）圆柱式平衡架　　b）窄棱式平衡架

图 11－22　静平衡装置

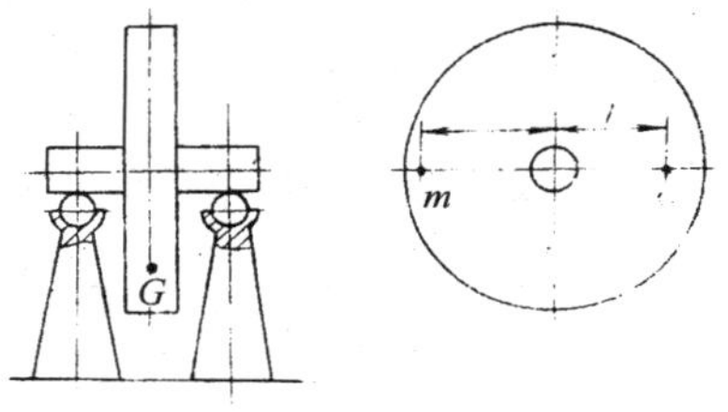

图 11－23　静平衡法

④去掉橡皮泥，在其所在部位加上重量为 m 的重块，或在不平衡量处(与 m 相对直径上 l 处）去除一定重量（G）。待旋转件在任意角度均能在支承架上停留时，静平衡即结束。

静平衡只能平衡旋转件重心的不平衡，无法消除垂直于轴线的不平衡力矩。因此，静平衡只适用于“长径比”较小(如盘类旋转件)或“长径比”较大但转速不高的旋转件。

（2）动平衡

对于长径比较大或转速较高的旋转件，通常都要进行动平衡。

动平衡不仅要平衡惯性力，而且还要平衡惯性力所形成的力矩。动平衡的力学原理如图 11–24 所示。

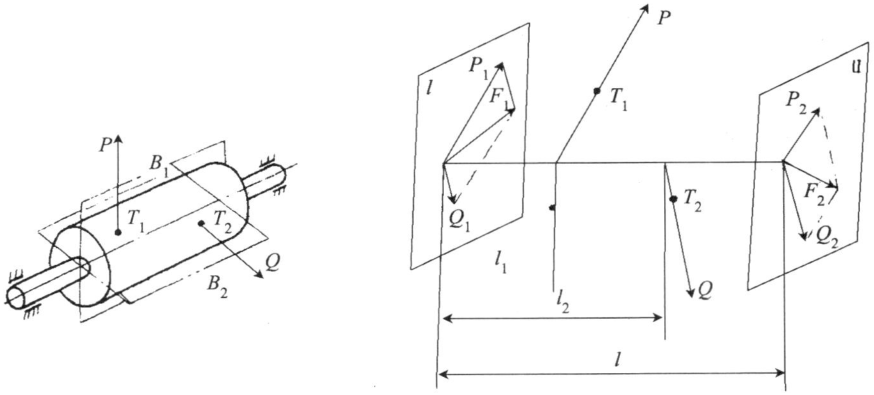

图 11－24 动平衡的力学原理

假设转子上存在两个不平衡量 T_1 和 T_2，当转子旋转时，产生惯性力分别为 P 和 Q。P 在 B_1 平面内，Q 在 B_2 平面内，P 和 Q 都垂直于轴线。为平衡这两个力，在转子上选择两个与轴线垂直的径向截面 I 和 II 作为动平衡的校正面，利用力的平移原理，将 P 和 Q 分别沿 B_1 和 B_2 平面分解到 I 和 II 这两个校正平面上。

根据力的平移原理，它们应满足以下方程：

$$P=P_1+P_2$$
$$P_1 l=P_2(l-l_1)$$

解该方程组得：

$$P_1=\left(1-\frac{l_1}{l}\right)P$$

$$P_2=\frac{l_1}{l}P$$

同理：

$$Q=Q_1+Q_2$$
$$Q_1 l_2=Q_2(l-l_2)$$

解得：

$$Q_1=\left(1-\frac{l_2}{l}\right)Q$$

$$Q_2=\frac{l_2}{l}Q$$

在 I 平面将 P_1、Q_1 合成为 F_1，在 II 平面将 P_2、Q_2 合成为 F_2。显然，F_1 和 F_2 与 P 和 Q 是分别等效的。如果在 F_1 和 F_2 两力的反向延长线上各加上相应的平衡重量，使它们产生的惯性力分别为 $-F_1$ 和 $-F_2$，那么，转子就被动平衡了。

动平衡在动平衡机上进行，把被平衡转子按其工作状态安装在动平衡机的轴承中，转子旋转时由于不平衡量产生惯性力造成动平衡机轴承振动，通过仪器测量轴承振动值，便可确定需要增减平衡量的大小和位置。经过反复转动、测量和增减平衡重量后，转子逐步获得动平衡。

第四节 装配工艺规程

一、装配工艺规程及作用

装配工艺规程是指导装配施工的主要技术文件之一。它规定产品及部件的装配顺序、装配方法、装配技术要求、检验方法及装配所需设备、工具、时间定额等，是提高装配质量和效率的必要措施，也是组织生产的重要依据。

二、制定装配工艺规程

1. 制定装配工艺规程的基本原则

（1）保证产品装配质量。

（2）合理安排装配工序，尽量减少装配工作量，减轻劳动强度，提高装配效率，缩短装配周期。

（3）尽可能少占用车间的生产面积。

2. 制定装配工艺所需原始资料

（1）产品的总装图、部件装配图以及零件明细表等。

（2）产品的验收技术条件，包括试验工作的内容及方法。

（3）产品生产规模。

（4）现有的工艺装备、车间面积、工人技术水平以及工时定额标准等。

3. 制定装配工艺规程的方法和步骤

（1）对产品进行分析

包括研究产品装配图及装配技术要求；对产品进行结构尺寸分析，根据装配精度进行尺寸链分析计算，以选定实现装配精度的方法；对产品结构进行工艺性分析，将产品分解成可独立装配的组件和分组件。

（2）确定装配组织形式

主要根据产品结构特点和生产批量，选择适当的装配组织形式，进而确定总装及部装的划分，装配工序是集中或分散，产品装配运输方式及工作场地准备等。

（3）根据装配单元确定装配顺序

首先选择装配基准件，例如，图 11–4 中，圆锥齿轮组件装配以锥齿轮分组件为基准，然后根据装配结构的具体情况，按先下后上、先内后外、先难后易、先精密后一般、先重后轻的规律来确定其他零件或分组件的装配顺序。

（4）划分装配工序

装配顺序确定后，还要将装配工艺过程划分为若干道工序，并确定各个工序的工作内容、所需的设备、工夹具及工时定额等。

（5）制定装配工艺卡片

对于单件或小批量生产，不需要制定工艺卡，工人可按照装配图和装配单元系统图进行装配。对于成批生产，应根据装配系统图分别制定总装和部装的装配工艺卡片。表 11–2 为锥齿轮轴组件装配工艺卡片，它简要说明了每一道工序的工作内容、所需设备和工夹具、工人技术等级、时间定额等。大批量生产则需一序一卡。

表 11-2 锥齿轮轴组件装配工艺卡

<table>
<tr><td colspan="6" rowspan="2">（追齿轮轴组件装配图）</td><td colspan="5">装配技术要求</td></tr>
<tr><td colspan="5">（1）组装时，各装入零件应符合图样要求
（2）组装后圆锥齿轮应转动灵活，无轴向窜动</td></tr>
<tr><td colspan="2" rowspan="2">厂名</td><td colspan="4" rowspan="2">装配工艺卡</td><td>产品型号</td><td colspan="2">部件名称</td><td colspan="2">装配图号</td></tr>
<tr><td></td><td colspan="2">轴承套</td><td colspan="2"></td></tr>
<tr><td colspan="2">车间名称</td><td colspan="2">工　段</td><td colspan="2">班　组</td><td>工序数量</td><td colspan="2">部件数</td><td colspan="2">净　重</td></tr>
<tr><td colspan="2">装配车间</td><td colspan="2"></td><td colspan="2"></td><td>4</td><td colspan="2">1</td><td colspan="2"></td></tr>
<tr><td rowspan="2">工序号</td><td rowspan="2">工序号</td><td colspan="4" rowspan="2">装　配　内　容</td><td rowspan="2">设备</td><td colspan="2">工艺装备</td><td rowspan="2">工人等级</td><td rowspan="2">工序时间</td></tr>
<tr><td>名称</td><td>编号</td></tr>
<tr><td>Ⅰ</td><td>1</td><td colspan="4">分组件装配：圆锥齿轮与衬垫的装配
以锥齿轮轴为基准，将衬垫套装在轴上</td><td></td><td></td><td></td><td></td><td></td></tr>
<tr><td>Ⅱ</td><td>1</td><td colspan="4">分组件装配：轴承盖与毛毡的装配
将已剪好的毛毡塞入轴承盖槽中</td><td></td><td></td><td></td><td></td><td></td></tr>
<tr><td>Ⅲ</td><td>
1
2
3</td><td colspan="4">分组件装配：轴承套与轴承外圈的装配
用专用量具分别检查轴承套孔及轴承外圈尺寸
在配合面上涂上机油
以轴承套为基准，将轴承外圈压入孔内至底面</td><td>压力机</td><td>塞规
卡板</td><td></td><td></td><td></td></tr>
<tr><td>Ⅳ</td><td>
1
2
3

4
5

6

7</td><td colspan="4">锥齿轮组件的装配：
以圆锥齿轮组件为基准，将轴承套分组件套装在轴上
在配合面上加油，将轴承内圈压装在轴上并紧贴衬垫
套上隔圈，将另一轴承内圈压装在轴上，直至与隔圈接触
将另一个轴承外圈涂上油，轻压至轴承套内
装入轴承盖分组件，调整端面的高度，使轴承间隙符合要求后，拧紧三个螺钉
安装平键，套装齿轮、垫圈，拧紧螺母，注意配合面加油
检查锥齿轮转动的灵活性及轴向窜动</td><td>压力机</td><td></td><td></td><td></td><td></td></tr>
<tr><td></td><td></td><td></td><td></td><td></td><td></td><td></td><td></td><td></td><td colspan="2">共　张</td></tr>
<tr><td>编号</td><td>日期</td><td>签章</td><td>编号</td><td>日期</td><td>签章</td><td>编制</td><td>移交</td><td>批准</td><td colspan="2">共　张</td></tr>
</table>

复习题

1. 简述零件、部件、组件及分组件有何区别。

2. 根据本章图 11-1 回答：该产品由多少个零件组成？有多少个装配基准件？组件、一级分组件、二级分组件各为多少个？装配时至少要分几个工序？

3. 什么是装配、部件装配和总装配？

4. 机器装配工艺包括哪些过程？各自的工作内容是什么？

5. 常见的装配组织形式有哪几种？各适用于什么条件？

6. 什么叫尺寸链、装配尺寸链和工艺尺寸链？什么叫封闭环、增环和减环？

7. 题图 11-1 所示的套类零件，加工时 $10_{-0.30}^{0}$ 测量困难，因此要通过测量大孔深度来加工此零件，求大孔深度的极限尺寸。

8. 某轴需镀铬（题图11-2)，镀铬前轴的尺寸车削至 $A_2=\phi 59.74_{-0.016}^{0}$（mm），孔径 $A_1=\phi 60_{0}^{+0.03}$（mm），保证配合间隙 $A_{\triangle}=0.236\text{mm}\sim0.286\text{mm}$。问镀铬层厚度 A_3 应控制在什么范围？

9. 常用的装配方法有哪几种？各有何特点？

10. 什么叫装配精度？不同装配方法中，装配精度与零件制造精度关系如何？

11. 什么叫解装配尺寸链？其解法有哪几种？

12. 在齿轮轴装配简图（题图 11-3）中，B_1=100mm，B_2=70mm，B_3=30mm，装配后轴向间隙要求为 0.02mm~0.20mm。试用完全互换法解该装配尺寸链。

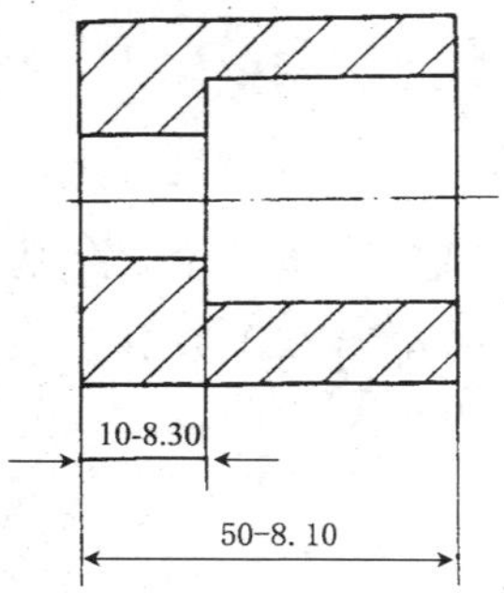

题图 11 – 1

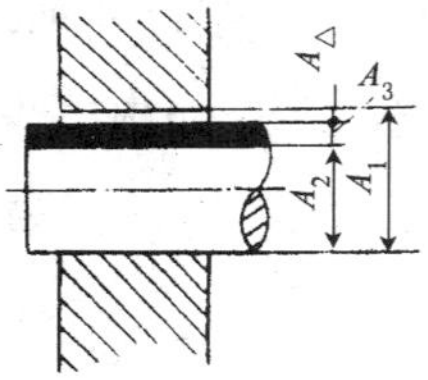

题图 11 – 2

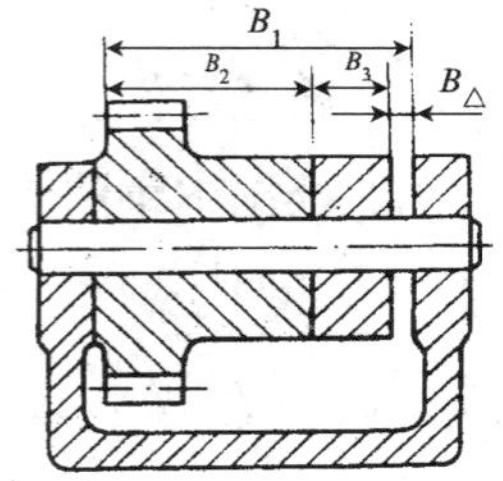

题图 11 – 3

13. 有一基孔制轴、孔配合，其基本尺寸为 40mm，要求配合过盈为 0.006mm~0.018mm。试用分组选配法解该装配尺寸链（轴、孔经济公差均为 0.018mm）。

14. 装配前应做哪些准备工作？其意义何在？

15. 高速旋转的零部件为什么要进行平衡？什么叫静不平衡？什么叫动不平衡？简述静平衡的工作步骤。

第十二章　固定连接的装配

第一节　螺纹连接的装配

螺纹连接是一种可拆的固定连接，它具有结构简单、连接可靠、装拆方便等优点，在机械中广泛应用。螺纹连接分为普通螺纹连接和特殊螺纹连接两大类，普通螺纹连接的基本类型有螺栓连接、双头螺柱连接、螺钉连接等（表 12–1），除此以外的螺纹连接称为特殊螺纹连接。

表 12-1 普通螺纹的基本类型及其应用

类型	螺栓连接	双头螺柱连接	螺钉连接	紧定螺钉连接
结构	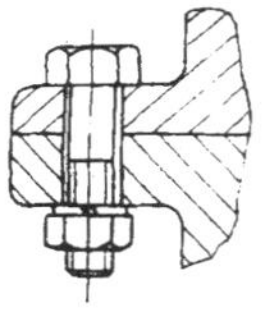	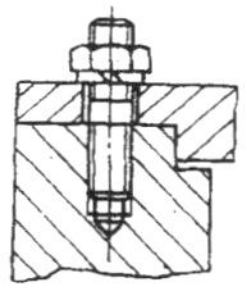	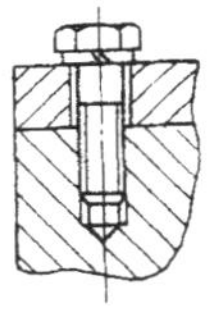	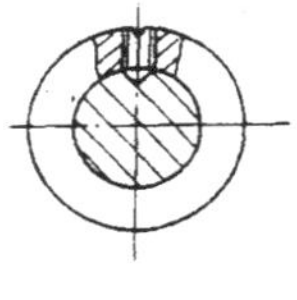
特点及应用	无须在连接上加工螺纹，连接件不受材料的限制，主要用于连接件不大厚，并能从两边进行装配的场合	拆卸时只需旋下螺母，螺柱仍留在集体螺纹孔内，故螺纹孔不易损坏。主要用于连接件较厚而又需经常装拆的场合	主要用于连接件较厚，或结构上受到限制，不能采用螺栓连接，且不需经常装拆的场合，经常拆装容易使螺纹孔损坏	紧定螺钉的末端顶住其中一连接件的表面或进入该零件上相应的凹坑中，以固定两零件的相对位置。多用于轴与轴上零件的连接，传递不大的力或扭矩

一、螺纹连接的装配技术要求

1. 保证一定的拧紧力矩

为达到螺纹连接可靠和紧固的目的，要求螺纹牙间有一定的摩擦力矩，所以，螺纹连接装配时应有一定的拧紧力矩，使螺纹牙间产生足够的预紧力。

拧紧力矩或预紧力的大小是根据使用要求确定的。一般紧固螺纹连接，不要求预紧力十分准确；而规定预紧力的螺纹连接，则必须用专门方法来保证准确的预紧力。

2. 有可靠的防松装置

螺纹连接一般都具有自锁性，在静载荷下，不会自行松脱，但在冲击、震动或交变载荷下，会使螺纹牙之间正压力突然减小，以致摩擦力矩减小，使螺纹连接松动。因此，螺纹连接应有可靠的防松装置，以防止摩擦力矩减小和螺母回转。

二、螺纹连接的装拆工具

由于螺栓、螺柱和螺钉种类繁多，形状各异，螺纹连接的装拆工具也有很多，使用时应根据具体情况合理选用。

1. 螺钉旋具

用于旋紧或松开头部带沟槽的螺钉。一般螺钉旋具的工作部分由碳素工具钢制成，并经淬火处理。常用的螺钉旋具如下：

（1）一字槽螺钉旋具

如图 12–1 所示，由木柄 1、刀体 2 和刃口 3 组成，以刀体部分的长度代表其规格。常用规格有 100mm、150mm、200mm、300mm 和 400mm 等。使用时，应根据螺钉沟槽的宽度选用相应的螺钉旋具。

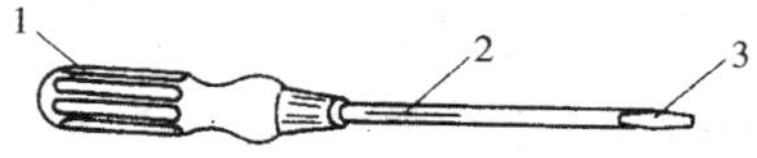

图 12－1　一字槽螺钉旋具

（2）其他螺钉旋具

图 12–2a 所示为弯头螺钉旋具，两头各有一个刃口，互成垂直位置，适用于螺钉头顶部空间受到限制的拆装场合。图 12–2b 所示为十字槽螺钉旋具，主要用来旋紧头部带十字槽的螺钉，其优点是旋具不易从

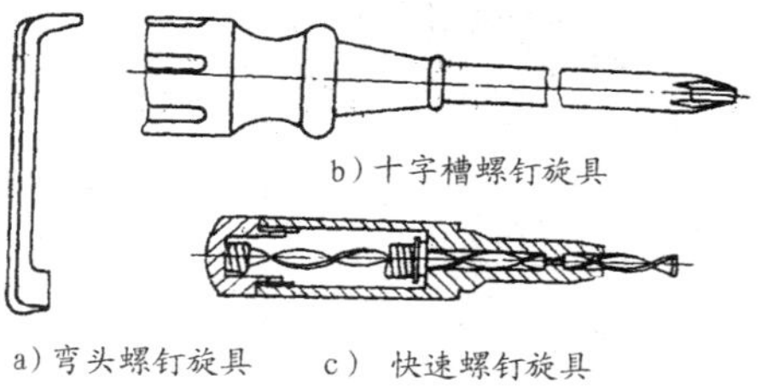

图 12－2　其他螺钉旋具

槽中滑出。图 12–2c 为快速螺钉旋具，工作时推压手柄，使螺旋杆通过来复孔而转动，可以快速拧紧或松开小螺钉，提高装拆速度。

2. 扳手

扳手是用来旋紧六角形、正方形螺钉及各种螺母的，常由工具钢、合金钢或可锻铸铁制成，其开口处要求光整、耐磨。扳手分为通用、专用和特殊三类。

（1）通用扳手

通用扳手也叫活动扳手，由扳手体 4、固定钳口 2、活动钳口 1 和螺杆 3 组成（图 12–3）。

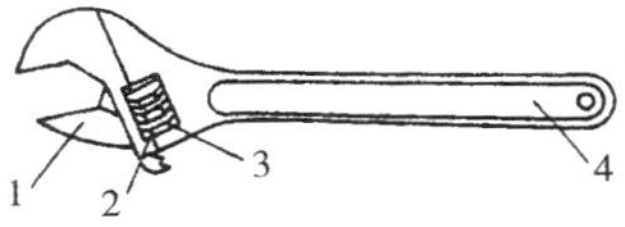

1- 活动钳口　2- 固定钳口
3- 螺杆　4- 扳手体

图 12 – 3　活动扳手

活动扳手的规格用扳手长度表示，见表 12–2。

表 12–2 活动扳手的规格

长度	公制（mm）	100	150	200	250	300	375	450	600
	英制（in）	4	6	8	10	12	15	18	24
开口最大宽度（mm）		14	19	24	30	36	46	55	65

注：英制规格仅作参考。

使用活动扳手时，应让其固定钳口承受主要作用力（图 12–4a），否则容易损坏扳手。钳口的开度应适合螺母（或螺帽）对边间距尺寸，过宽会损坏螺母（或螺帽）。不同规格的螺母（或螺钉），应选用相应规格的活动扳手。扳手手柄不可任意接长，以免拧紧力矩过大而损坏扳手或螺母。活动扳手操作费时，活动钳口容易歪斜，往往会损坏螺母或螺钉的头部表面。

（2）专用扳手

专用扳手只能扳一个尺寸的螺母或螺钉，根据其用途的不同可分为：

1）开口扳手

用于装拆六角形或方头的螺母或螺钉，有单头和双头之分（图 12–5）。它的开口尺寸是与螺母或螺钉的对边间距的尺寸相适应的，并根据标准尺寸做成。常用十件一套的双头扳手（两端开口），尺寸分别为5.5×7、8×10、9×11、12×14、14×17、17×19、19×22、22×24、24×27、30×32（单位为mm）。

2）整体扳手

整体扳手可分为正方形、六角形、十二角形（梅花扳手）等（图12–6）。梅花扳手只要转过30° 就可改换方向再扳，适用于工作空间狭小，不能容纳普通扳手的场合，应用较广泛。

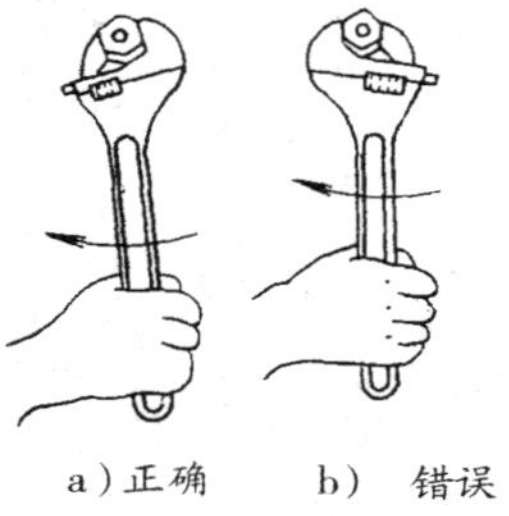

图 12 – 4　活动扳手的使用

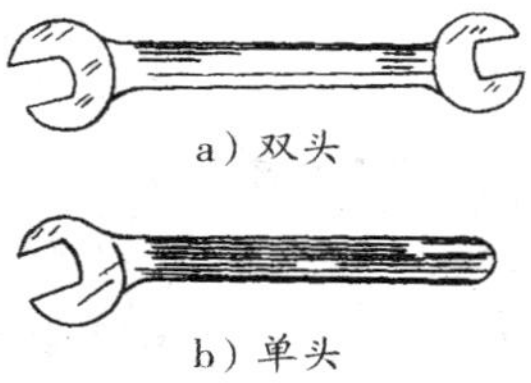

图 12 – 5　开口扳手

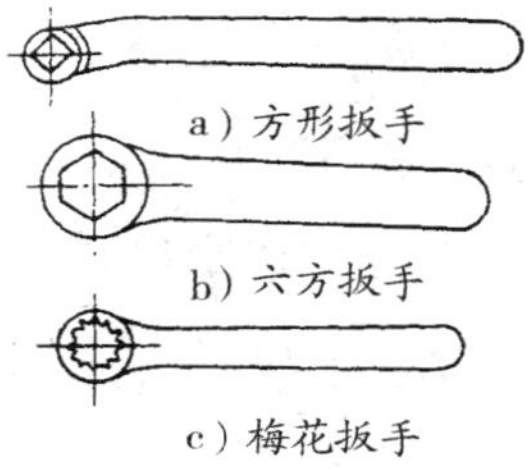

图 12 – 6　整体扳手

3）成套套筒扳手

由一套尺寸不等的梅花套筒组成（图12–7）。使用时，扳手柄方榫插入梅花套筒的方孔内，弓形手柄能连续转动，使用方便，工作效率较高。

4）锁紧扳手

专门用来锁紧各种结构的圆螺母，其结构多种多样，常用的如图12–8所示。

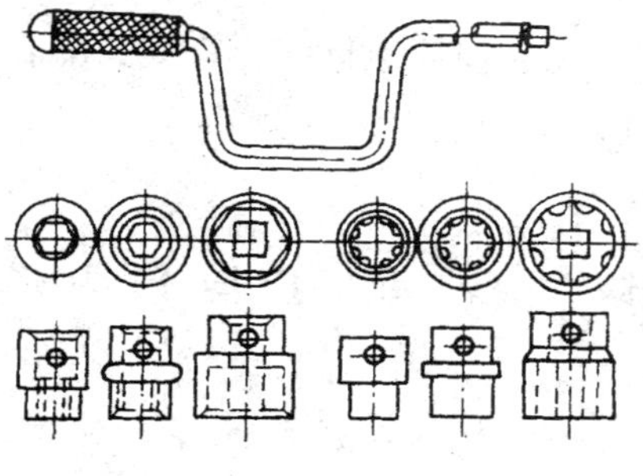

图 12 – 7　成套套筒扳手

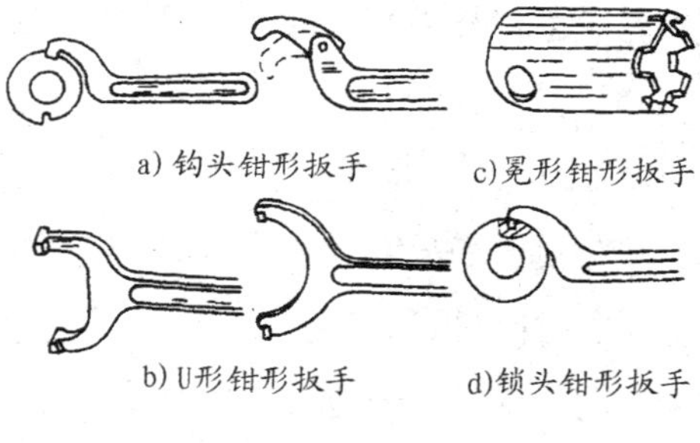

图 12 – 8　锁紧扳手

5）内六角扳手

如图 12–9 所示，用于装拆内六角螺钉。成套的内六角扳手，可供装拆 M4 ~ M30 的内六角螺钉。

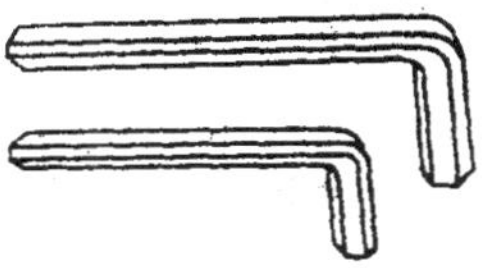

图 12－9　内六角扳手

（3）特种扳手

特种扳手就是根据某些特殊要求而制造的。图 12–10 所示为棘轮扳手，它使用方便，效率较高。工作时，正转手柄，棘爪（1）在弹簧（2）的作用下进入内六角套筒（3）（棘轮）缺口内，套筒便随之转动，拧紧螺母或螺钉。当扳手反转时，棘爪从套筒缺口的斜面上滑过去；因而螺母或螺钉不会随着反转，这样反复摆动手柄则可逐渐拧紧螺母或螺钉。

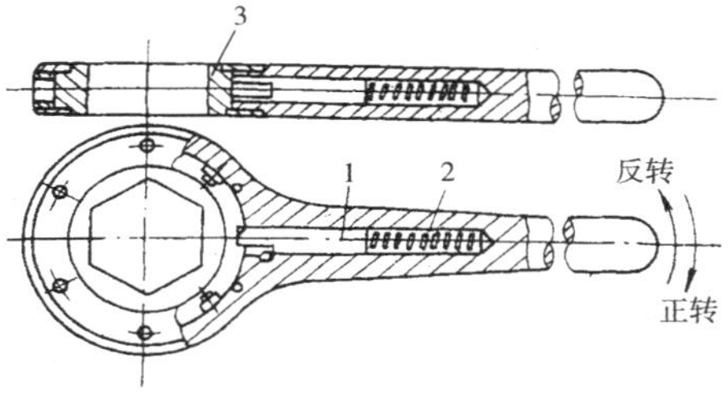

1- 棘爪；2- 弹簧；3- 内六角套筒

图 12－10　棘轮扳手

除了上述普通扳手以外，在成批生产和装配流水线上广泛采用风动、电动扳手。为了满足不同的需要，还可采用各种专用工具，如定扭矩扳手、液力拉伸器、装拆双头螺柱工具等。

三、螺纹连接装配工艺

1. 控制预紧力的方法

规定预紧力的螺纹连接，常用控制扭矩法、控制扭角法、控制螺栓伸长法来保证准确的预紧力。

（1）控制扭矩法

用测力扳手使预紧力达到给定值。图 12–11 所示为控制拧紧力矩的测力扳手。在弹性扳手柄（3）的一端装有手柄（6），另一端装有带方头的柱体（2）。

在方头上套装一个可更换的梅花套筒（可用于拧紧螺钉或螺母）。柱体（2）上还装有一个长指针（4），刻度盘（7）固定在柄座上。工作时，由于扳手杆和刻度盘一起向旋转的方向弯曲，因此指针就可在刻度盘上指出拧紧力矩的大小。

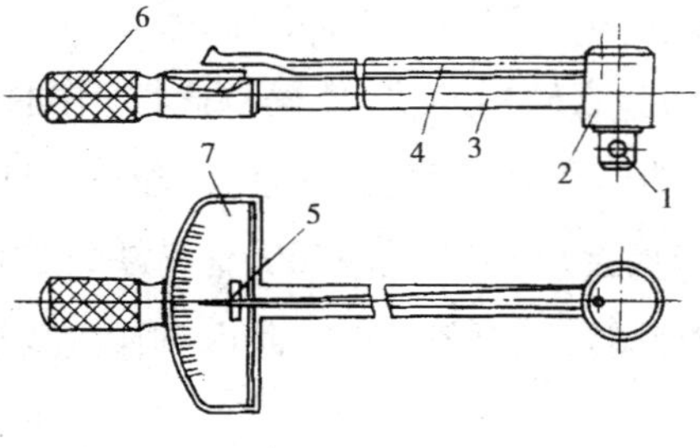

1- 钢球；2- 柱体；3- 弹性扳手柄
4- 长指针；5- 指针尖；6- 手柄；7- 刻度盘

图 12－11 测力扳手

（2）控制螺栓伸长法

通过控制螺栓伸长量来控制预紧力的方法。如图 12–12 所示，螺母拧紧前，长度为 L_1，按预紧力要求拧紧后，长度应为 L_2。通过测量 L_1 和 L_2 便可确定拧紧力矩是否准确。

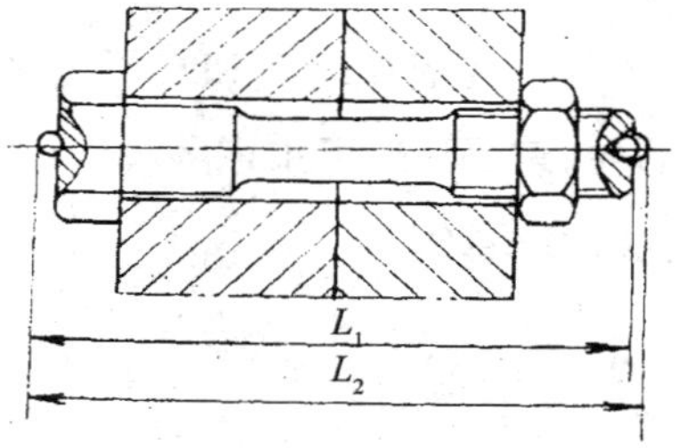

图 12－12 螺栓伸长的测量

（3）控制螺母扭角法

通过控制螺母拧紧时应转过的角度来控制预紧力的方法。其原理和测量螺栓伸长法相同，即在螺母拧紧消除间隙后，测得转角 ϕ_1，按预紧力要求可确定旋转角 ϕ_2，旋紧时通过测量 ϕ_2 来确定预紧力。

2. 双头螺柱的装配要点

（1）应保证双头螺柱与机体螺纹的配合有足够的紧固性，保证在装拆螺母的过程中，无任何松动现象。通常，螺柱的紧固端应采用具有足够过盈量的配合（图 12–13a）；也可以阶台形式紧固在机体上（图 12–13b）；有时也把最后几圈螺纹做得浅一些，以达到紧固配合的目的。当双头螺柱旋入软材料螺孔时，其过盈量要适当大一些，还可以把双头螺柱直接拧入无螺纹的光孔中，称为光孔上丝。

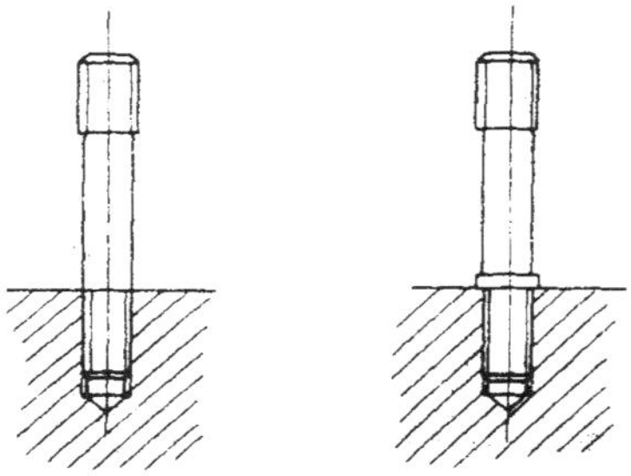

a)具有过盈的配合 b)具有阶台的坚固

图 12 – 13　双头螺柱的紧固形式

（2）双头螺柱的轴心线必须与机体表面垂直，装配时，可用直角尺进行检验。如发现偏斜较小时，可用丝锥校正螺孔后再装配，或将装入的双头螺柱校正至垂直；偏斜较大时，不得强行校正，以免影响连接的可靠性。

（3）装入双头螺柱时，必须用油进行润滑，以免旋入时产生咬住现象，也便于以后的拆卸。

（4）常用的拧紧双头螺柱的方法有如下几种：

1）两个螺母拧紧

如图 12–14a 所示，将两个螺母相互锁紧在双头螺柱上，然后扳动上面一个螺母，把双头螺柱拧入螺孔中。

2）长螺母拧紧

如图 12–14b 所示，用止动螺钉阻止长螺母与双头螺柱之间的相对转动，然后扳动长螺母，旋紧双头螺柱。松开止动螺钉，即可拆掉长螺母。

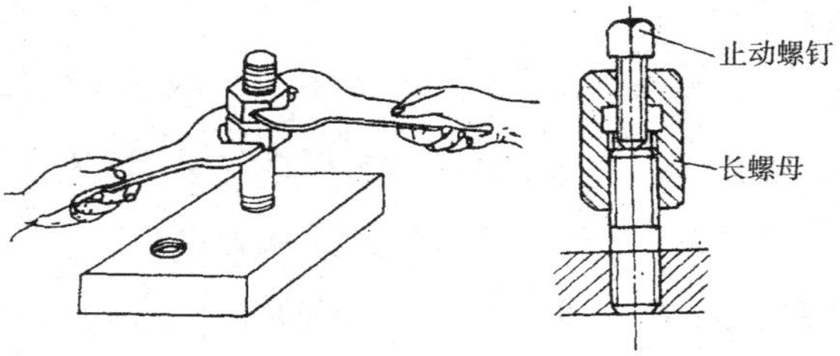

a）两螺母拧入法　　b）长螺母拧入法

图 12－14　双头螺柱拧入法

3）专用工具拧紧

图 12–15 所示为双头螺柱拧入工具。三个滚柱放在工具体空腔内，由限位套筒 4 确定其圆周和轴向位置。限位套筒由凹槽挡圈固定，滚柱松开和夹紧由工具体内腔曲线控制。滚柱应夹在螺柱的光杆部分，按图 12–15 所示的箭头方向转动工具体即可拧入双头螺柱，反之则可松开螺柱。拆卸双头螺柱的工具，其凹槽曲线方向应与拧入工具的曲线方向相反。

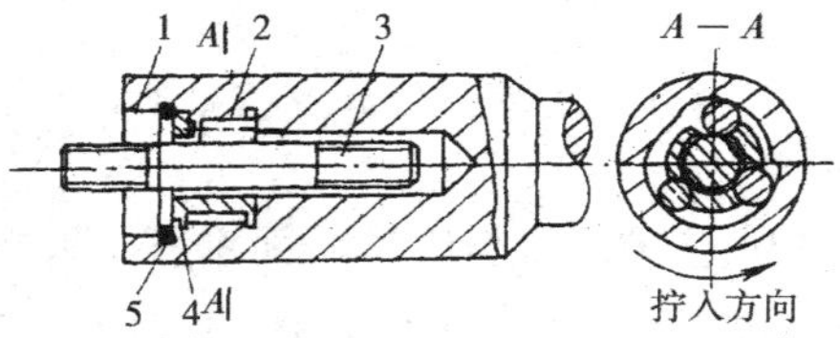

1- 工具体；2- 滚柱；3- 双头螺柱；4- 限位套筒；5- 挡圈

图 12－15　双头螺柱拧入工具

3. 螺母和螺钉的装配要点

螺母和螺钉的装配，除了要按一定的拧紧力矩来拧紧，还应注意以下几点：

（1）螺杆不产生弯曲变形，螺钉头部、螺母底面应与连接件接触良好。

（2）被连接件应均匀受压，互相紧密贴合，连接牢固。

（3）成组螺栓或螺母拧紧时，应根据被连接件形状和螺栓的分布情况，按一定的顺序逐次（一般为 2–3 次）拧紧螺母（图 12–16）。在拧紧长方形布置的成组螺母时（图 12–16a），应从中间开始，逐渐向两边对称地扩展；在拧紧圆形或方形布置的成组螺母时（图 12–16b），必须对称地进行（如有定位销，应从靠近定位销的螺栓开始），以防止螺栓受力不一致，甚至变形。

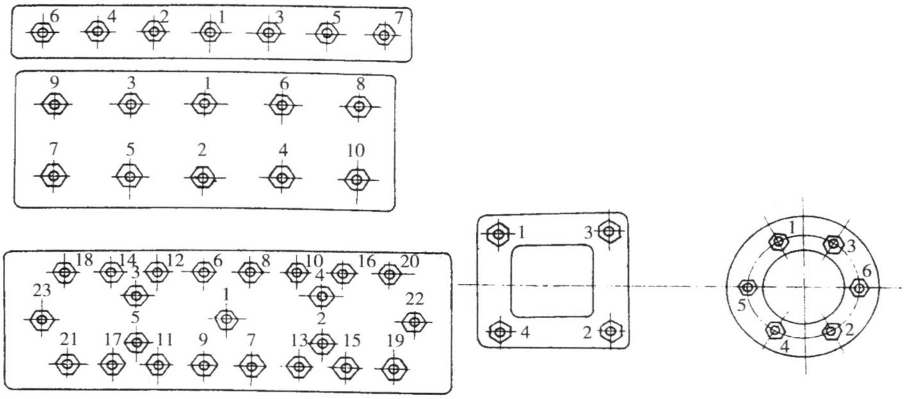

a） b）

图 12 – 16 拧紧成组螺母的顺序

4. 安装防松装置

螺纹连接用于有振动或冲击场合时，会发生松动，为防止螺钉或螺母松动，必须有可靠的防松装置。常用螺纹防松装置有两类：

（1）附加摩擦力防松装置

1）锁紧螺母（双螺母）防松

这种装置使用主、副两个螺母（图 12–17）。先将主螺母拧紧至预定位置，然后再拧紧副螺母。由图 12–17b 可以看出，当拧紧副螺母后，主、副螺母之间的这段螺杆因受拉伸长，使主、副螺母分别与螺杆牙形的两个侧面接触，都产生正压力及摩擦力。当螺杆再受某个方面突加载荷时，就能始终保持足够的摩擦力，进而起到防松作用。这种防松装置由于要用两颗螺母，增加了结构尺寸和重量，一般用于低速重载或较平稳的场合。

2）弹簧垫圈防松

弹簧垫圈防松装置如图 12–18 所示。这种垫圈用弹性较好的材料 65Mn 制成，开有 70° ~ 80° 的斜口，并在斜口处上下拨开。把弹簧垫圈放在螺母下，当拧紧螺母时，垫圈受压，产生弹力，顶住螺母，从而在螺纹副的接触面间产生附加摩擦力，以此防止螺母松动。同时，斜口的楔角分别抵住螺母和支承面，也有助于防止回松。这种防松装置容易刮伤螺母和被连接件表面，同时，由于弹力分布不均，螺母容易偏斜。它构造简单，防松可靠，一般应用在不经常装拆的场合。

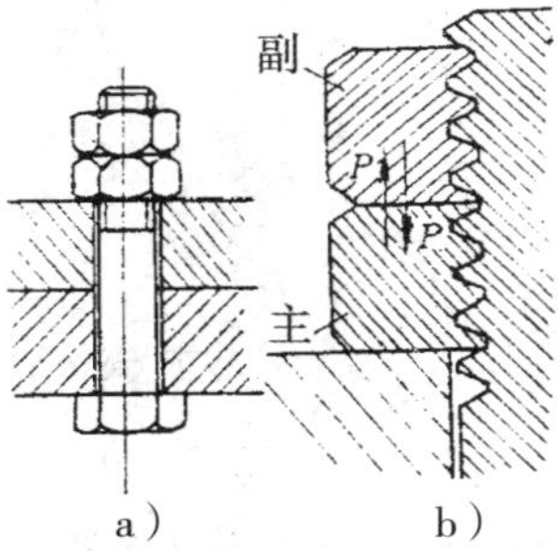

图 12 – 17　双螺母防松

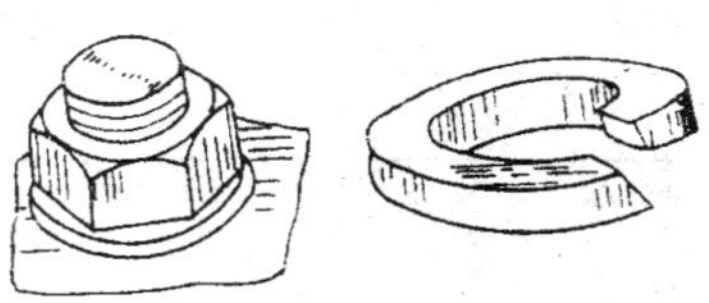

图 12 – 18　弹簧垫圈防松

（2）机械方法防松的装置

这类防松装置是利用机械方法使螺母与螺栓（或螺钉）、螺母与被连接件互相锁牢，以达到防松的目的。常用的有以下几种：

1）开口销与带槽螺母防松

这种装置用开口销把螺母直接锁在螺栓上（图 12–19）。它防松可靠，但螺杆上销孔位置不易与螺母最佳锁紧位置的槽口吻合。多用于有变载和振动处。

2）止动垫圈防松

图 12–20 所示为圆螺母止动垫圈防松装置。装配时，先把垫圈的内翅插入螺杆槽中，然后拧紧螺母，再把外翅弯入螺母的外缺口内。

图 12 – 19　开口销与带槽螺母防松

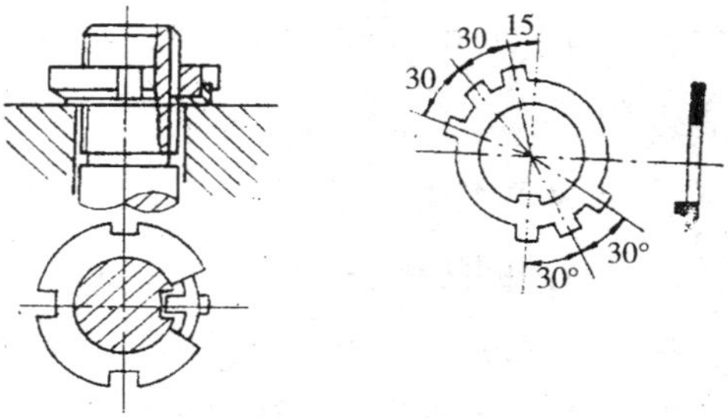

图 12 – 20　圆螺母止动垫圈防松

图 12–21 所示为带耳止动垫圈防止六角螺母回松的装置。当拧紧螺母后，将垫圈的耳边弯折，并与螺母贴紧。这种方法防松可靠，但只能用于连接部分可容纳弯耳的场合。

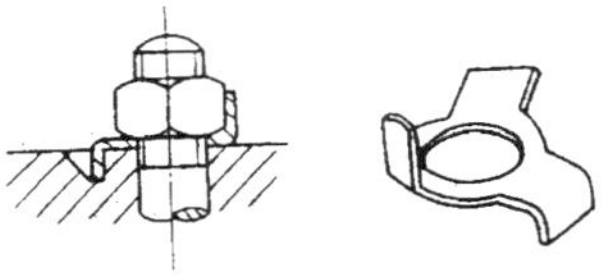

图 12－21　六角螺母止动垫圈防松

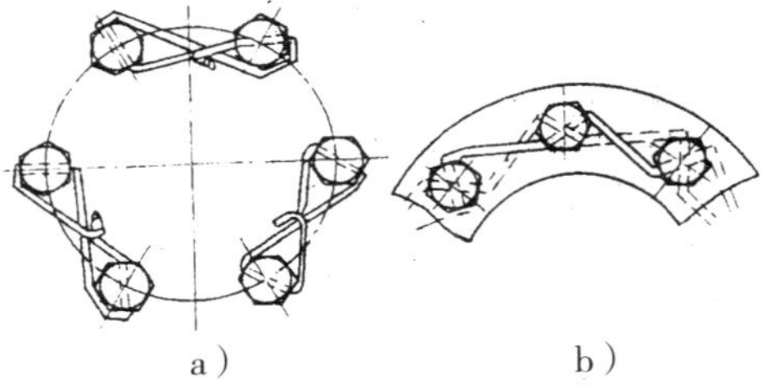

图 12－22　串联钢丝防松

3）串联钢丝防松

这种防松装置如图 12–22 所示。用钢丝连续穿过一组螺钉头部的径向小孔（或螺母和螺栓的径向小孔），以钢丝的牵制作用来防止回松（图 12–22a），它适用于布置较紧凑的成组螺纹连接。装配时应注意钢丝的穿绕方向，图 12–22b 所示虚线的钢丝穿绕方向是错误的，螺钉仍有回松的余地。

第二节　键连接的装配

键是用来连接轴和轴上零件、进行周向固定以传递扭矩的一种机械零件，如齿轮、带轮、联轴器等在轴上固定时大多用键连接。它具有结构简单、工作可靠、装拆方便等优点，因此获得广泛应用。

根据结构特点和用途不同，键连接可分为松键连接、紧键连接和花键连接三大类。

一、松键连接的装配

松键连接所用的键有普通平键、半圆键、导向平键及滑键等，其特点是:

靠键的侧面来传递扭矩，只能对轴上零件做周向固定，而不能承受轴向力。轴上零件的轴向固定，要靠紧定螺钉、定位环等定位零件来实现。松键连接能保证轴与轴上零件有较高的同轴度，在高速精密连接中应用较广泛。

1. 松键连接的装配技术要求

（1）保证键与键槽的配合要求。键与轴槽和轮毂槽的配合性质一般取决于机构的工作要求（表 12–3）。

表 12–3 键宽 *b* 的配合公差带

键的类型	较松键连接			一般键连接			较紧键连接		
	键	轴	毂	键	轴	毂	键	轴	毂
平键 GB/T1096–2003 半圆键 GB/T1099–2003 薄型平键 GB/T1566–2003	h9	H9 – H9	D10 – D10	h9	N9	Js9	h9	P9	P9
配合公差带	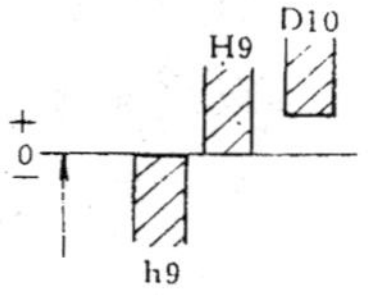			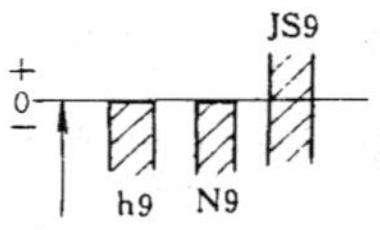			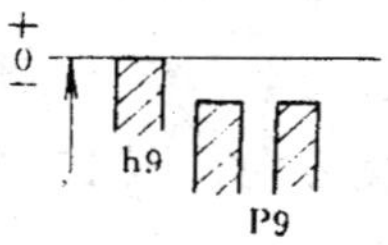		

由于键是标准件，要获得不同的配合性质，应通过改变轴槽、轮毂槽的极限尺寸来实现。

1）普通平键连接

图 12–23 为普通平键连接，键与轴槽采用$\frac{P9}{h9}$或$\frac{N9}{h9}$配合，键与毂槽采用$\frac{Js9}{h9}$或$\frac{P9}{h9}$配合，即键在轴上和轮毂上均固定。这种连接应用广泛，常用于高精度、传递重载荷、冲击及双向扭矩的场合。

2）半圆键连接

图 12–24 为半圆键连接，键在轴槽中能绕槽底圆弧曲率中心摆动，装拆方便，但因键槽较深，使轴的强度降低。一般用于轻载，常用于轴的锥形端部。

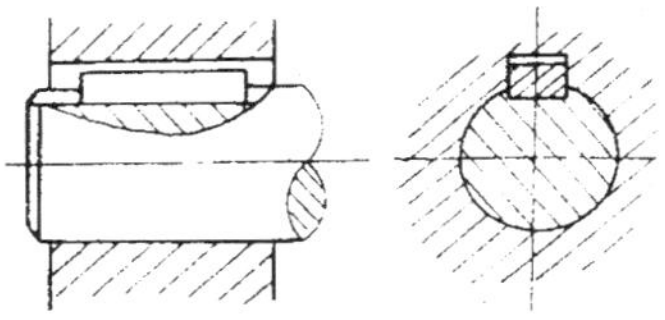

图 12－23　普通平键连接

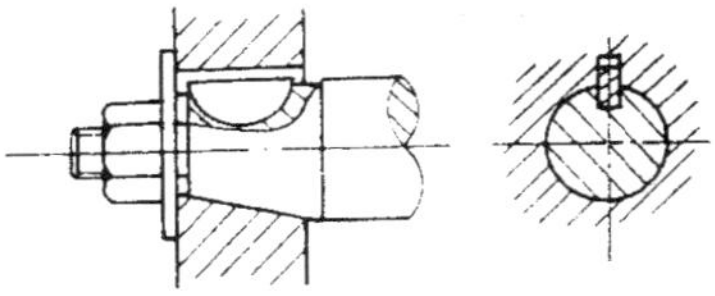

图 12－24 半圆键连接

3）导向平键连接

图 12–25 是导向平键连接，键与轴槽采用$\frac{H9}{h9}$配合并用螺钉固定在轴上，键与轮毂采用$\frac{D10}{h9}$配合，轴上零件能做轴向移动。为了拆卸方便，设有起键螺钉。常用于轴上零件轴向移动量不大的场合，如变速箱中的滑移齿轮。

4）滑键连接

图 12–26 为滑键连接的一种。键固定在轮毂槽中（较紧配合），键与轴槽为间隙配合，轴上零件能带动键做轴向移动。常用于轴上零件轴向移动量较大的场合。

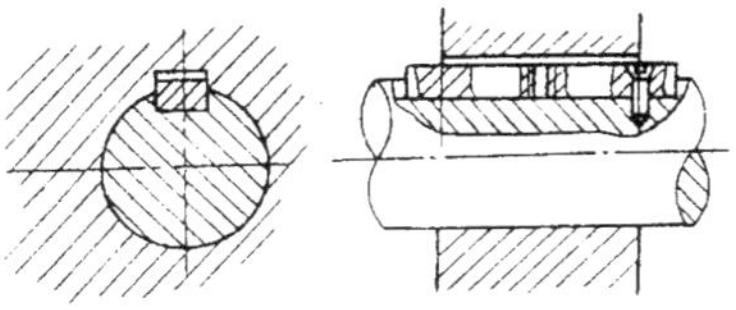

图 12－25　导向平键连接

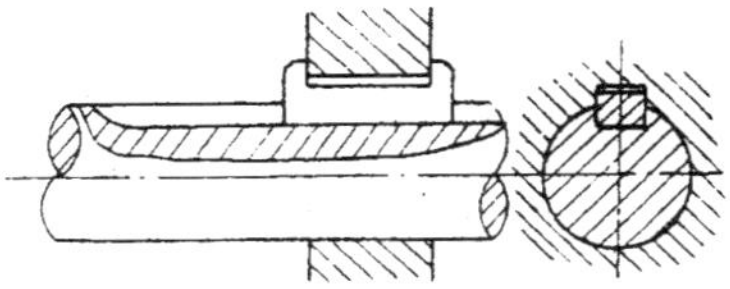

图 12－26　滑键连接

（2）键与键槽应具有较小的表面粗糙度。

（3）键装入轴槽中应与槽底贴紧，键长方向与轴槽有 0.1mm 的间隙，键的顶面与轮毂槽之间有 0.3mm~0.5mm 的间隙。

2. 松键连接的装配要点

（1）清理键及键槽上的毛刺，以防配合后产生过大的过盈量而破坏配合的正确性。

（2）对于重要的键连接，装配前应检查键的直线度和键槽对轴心线的对称度及平行度等。

（3）用键的头部与轴槽试配，应能使键较紧地嵌在轴槽中（对普通平键和导向平键而言）。

（4）锉配键长时，在键长方向上键与轴槽有 0.1mm 左右间隙。

（5）在配合面上加机油，用铜棒或台虎钳（钳口应加软钳口）将键压装在轴槽中，并与槽底接触良好。

（6）试配并安装套件（齿轮、带轮等）时，键与键槽的非配合面应留有间隙，以求轴与套件达到同轴度要求；装配后的套件在轴上不能左右摆动，否则容易引起冲击和振动。

二、紧键连接的装配

紧键连接主要指楔键连接。楔键连接分为普通楔键和钩头楔键两种（图 12–27）。楔键的上下两面是工作面，键的上表面和毂槽的底面各有 1∶100 的斜度，键侧与键槽之间有一定的间隙。装配时须打入，靠过盈作用传递扭矩。紧键连接还能轴向固定零件和传递单方向轴向力，但易使轴上零件与轴的配合产生偏心和歪斜。多用于对中性要求不高，转速较低的场合。有钩头的楔键用于不能从另一端将键打出的场合（图 12–27b）。

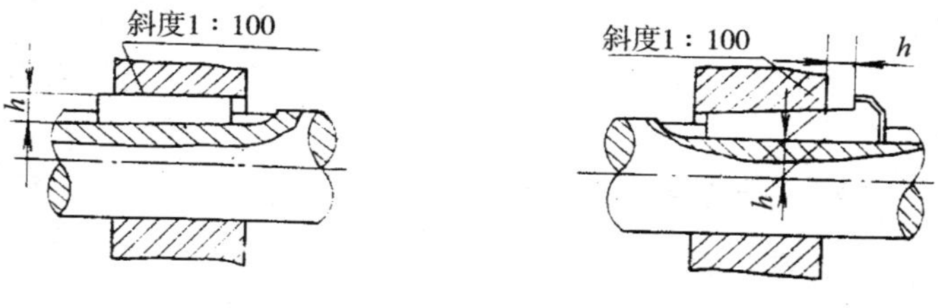

a）普通楔键　　b）钩头楔键

图 12 – 27　楔键连接

1. 楔键连接的装配技术要求

（1）楔键的斜度应与轮毂槽的斜度一致，否则，套件会发生歪斜，同时降低连接强度。

（2）楔键与槽的两侧要留有一定间隙。

（3）对于钩头楔键，不应使钩头紧贴套件端面，必须留有一定距离，以便拆卸。

2. 楔键连接装配要点

装配楔键时，要用涂色法检查楔键上下表面与轴槽或轮毂槽的接触情况，若发现接触不良，可用锉刀、刮刀修整键槽。合格后，轻敲入内，直至套件周向、轴向紧固可靠。

三、花键连接的装配

花键连接如图 12–28 所示。

花键连接具有承载能力高、传递扭矩大、同轴度和导向性好和对轴强度削弱小等特点，但制造成本高。适用于大载荷和同轴度要求较高的连接，在机床和汽车工业中应用广泛。

按工作方式划分，花键连接有静连接和动连接两种；按齿廓形状划分，花键可分为矩形花键、渐开线花键两种。矩形花键因加工方便，应用最为广泛。

1. 矩形花键

（1）矩形花键的基本尺寸

包括键数、小径、大径及键宽等（图 12–29）。

1）键数 N：花键轴的齿数或花键孔的键槽数。矩形花键的键数为偶数，常用范围为 4~20。

2）小径 d 和大径 D：花键配合时的最小、最大直径（图 12–29）。

3）键宽 B：键或槽的基本尺寸。

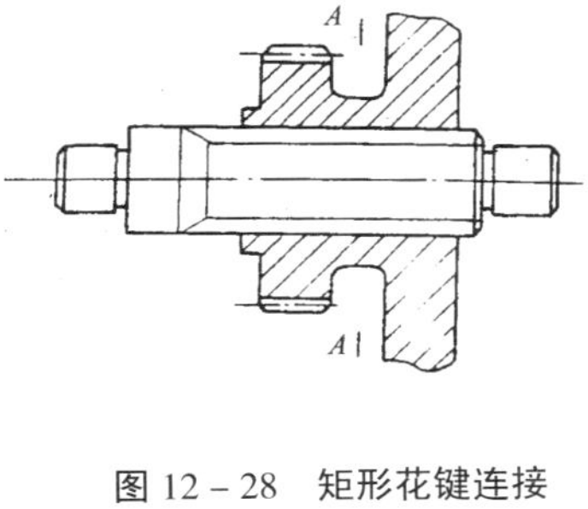

图 12 – 28　矩形花键连接

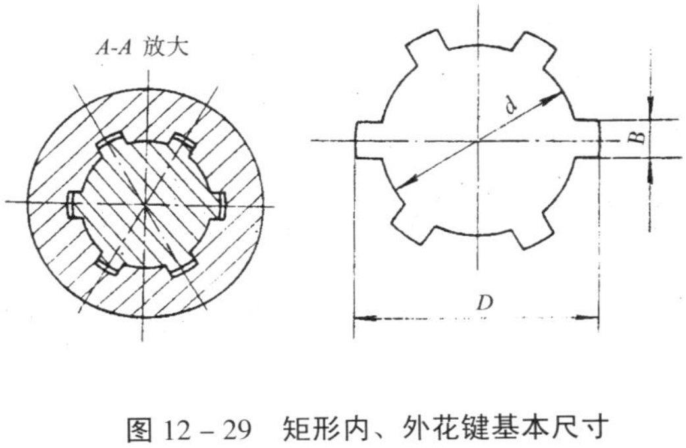

图 12 – 29　矩形内、外花键基本尺寸

（2）矩形花键的定心方式

矩形花键的定心方式为小径定心，即外花键和内花键的小径为配合面。其特点是定心精度高，定心稳定性好能用磨削的方法消除垫处理引起的变形。

（3）花键连接的标注

①装配图上花键连接：

例：

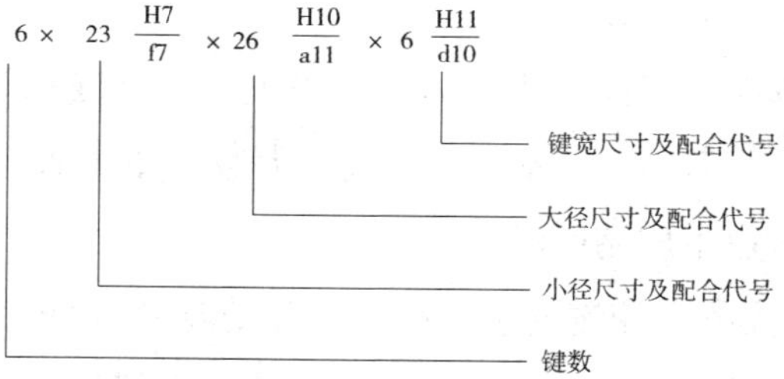

②零件图上内、外花键标注：

例：6×23H7×26H10×6H11

表示键槽为6个、小径为23H7、大径为26H10、键宽为6H11的内花键。

例：6×23f7×26a11×6d10

表示齿数为6个、小径为23f7、大径为26a11、键宽为6d11的外花键。

（4）花键的配合

系指花键定心直径、非定心直径及键宽的配合。花键的配合性质与花键的用途、精密程度及连接性质等因素有关，详见相关手册。常见的有滑动（$d\,\frac{H7}{f7}\times D\,\frac{H10}{a11}\times B\,\frac{H11}{d10}$）、紧滑动（$d\,\frac{H7}{g7}\times \mathrm{D}\,\frac{H10}{a11}\times \mathrm{B}\,\frac{H11}{f9}$）和固定（$d\,\frac{H7}{h7}\times \mathrm{D}\,\frac{H10}{a11}\times \mathrm{B}\,\frac{H11}{h10}$）三种。

2. 花键连接的装配要点

（1）静连接花键装配

套件应在花键轴上固定，故有少量过盈，装配时可用铜棒轻轻打入，但不得过紧，以防止拉伤配合表面。如果过盈较大，则应将套件加热（80℃ ~120℃）后进行装配。

（2）动连接花键装配

套件在花键轴上可以自由滑动，没有阻滞现象，但也不能过松，用手摆动套件时，不应感觉有明显的周向间隙。

（3）花键的修整

拉削后热处理的内花键，可用花键推刀修整，以消除因热处理产生的微量缩小变形；也可以用涂色法修整，以达到技术要求。

（4）花键副的检验

装配后的花键副应检查花键轴与被连接零件的同轴度或垂直度要求。

第三节　销连接的装配

销连接的主要作用是定位、连接或锁定零件，有时还可以作为安全装置中的过载剪断元件（图 12–30）。

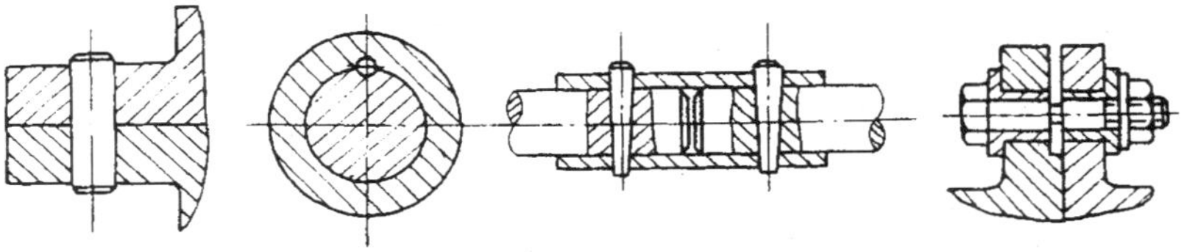

a）定位作用　　b）连接作用　　c）保险作用

图 12 － 30　销连接

销是一种标准件，形状和尺寸已标准化。销的种类较多，应用广泛，常见的是圆柱销及圆锥销。

一、圆柱销的装配

圆柱销一般依靠过盈固定在孔中，用以定位和连接。对销孔尺寸、形状、表面粗糙度要求较高，所以销孔在装配前须铰削。一般被连接件的两孔应同时钻、铰，并使孔壁表面粗糙度值不高于 *Ra*1.6，以保证连接质量。在装配时，应在销子表面涂机油，用铜棒将销子轻轻打入。圆柱销不宜多次装拆，否则会降低定位精度和连接的紧固程度。

二、圆锥销的装配

圆锥销装配时，两连接件的销孔也应一起钻、铰。钻孔时按圆锥销小头直径选用钻头(圆锥销以小头直径和长度表示规格)，用 1∶50 锥度的铰刀铰孔。铰孔时，用试装法控制孔径。以圆锥销自由地插入全长的 80% ~85% 为宜（图 12–31）。然后，用手锤敲入，销子的大头可稍微露出，或与被连接件表面平齐。

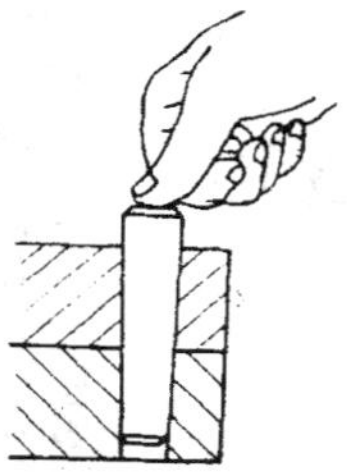

图 12 – 31　圆锥销自由放入深度

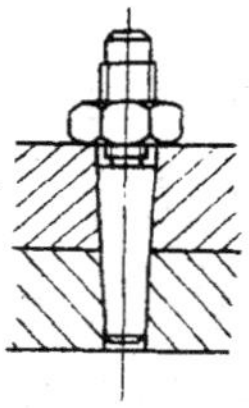

图 12 – 32　带螺尾圆锥销的拆卸

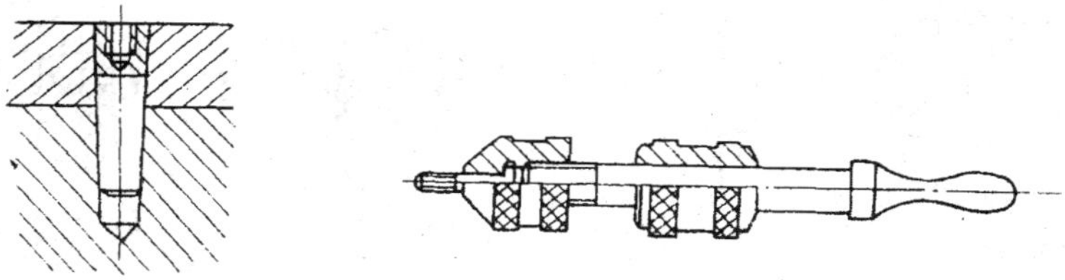

a）内螺纹圆锥销连接　　b）拔销器

图 12 – 33　带内螺纹圆锥销的拆卸

拆卸普通圆柱销和圆锥销时，可从小头（圆锥销）向外敲出。有螺尾的圆锥销可用螺母旋出（图 12–32）；拆卸带内螺纹的圆柱销和圆锥销时，可用拔销器拔出（图 12–33）。

第四节　过盈连接的装配

过盈连接是通过包容件（孔）和被包容件（轴）配合后的过盈值达到紧固连接的。装配后，轴的直径被压缩，孔的直径被胀大，包容件和被包容件因变形而使配合面间产生压力，工作时，此压力产生摩擦力传递扭矩、轴向力（图 12–34）。

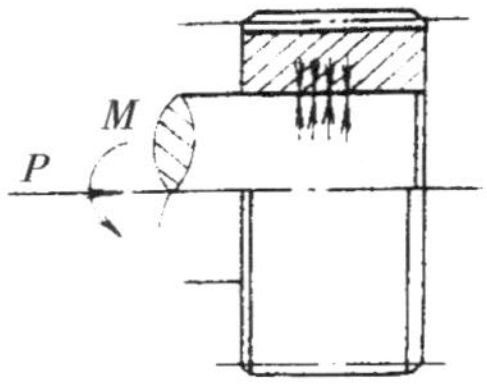

图 12－34　过盈连接

过盈连接结构简单、同轴度高、承载能力强，能承受变载和冲击力，同时可避免键连接中切削键槽而削弱零件强度的不足；但过盈连接配合表面的加工精度要求较高，装配较困难。过盈连接的配合面多为圆柱面，也有圆锥面或其他形式。

一、过盈连接的装配技术要求

1. 准确的过盈值。配合的过盈值，是按连接要求的紧固程度确定的。一般最小过盈应等于或稍大于连接所需的最小过盈。过盈太小不能满足传递扭矩的要求，过盈量过大则造成装配困难。

2. 配合表面应具有较小的表面粗糙度值，并保证配合表面的清洁。

3. 配合件应有较高的形位精度，装配中注意保持轴孔中心线同轴度，以保证装配后有较高的对中性。

4. 装配前配合表面应涂油，以免装入时擦伤表面。

5. 装配时，压入过程应连续，速度稳定不宜太快，通常为 2mm/s~4mm/s。应准确控制压入行程。

6. 细长件或薄壁件须注意检查过盈量和形位偏差。装配时最好垂直压入，以免变形。

二、过盈连接的装配方法

1. 圆柱面过盈连接的装配

圆柱面过盈连接是依靠轴、孔尺寸差获得过盈，过盈量大小不同，采用的装配方法也不同。

（1）压入法

当过盈量及配合尺寸较小时，一般采用在常温下压入装配的方法。常用压入方法和设备如图 12–36 所示。

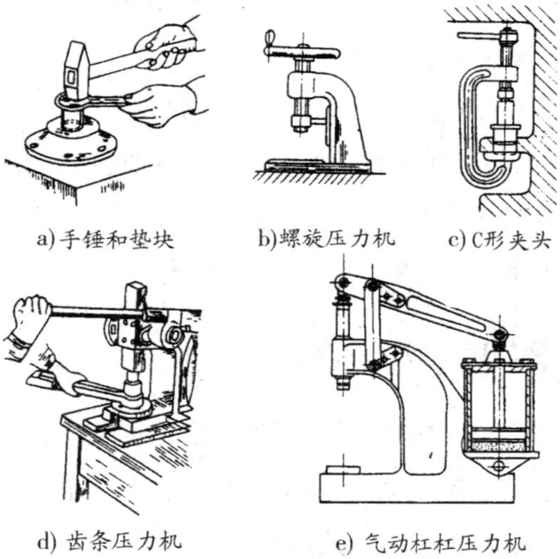

图 12－35　压入法和设备

图 12–35a 所示为用手锤加垫块冲击压入，其方法简便，但导向性不易控制，常出现歪斜。此法适于配合要求较低或配合长度较短的过渡配合连接，常用于单件生产。

图 12–35b、c、d 所示为工具压入，其导向性比冲击压入好，生产率高。此法适于较紧的过渡配合和轻型过盈配合，如小尺寸的轮圈、轮毂、齿轮、套筒和一般要求的滚动轴承等，常用于成批生产。

图 12–35e 所示为压力机压入，压力范围为 1N~107N，配以夹具可提高导向性。此法适用于中型和大型的轻型和中型过盈配合的连接件，如车

轮、飞轮、齿圈、轮毂、连杆衬套、滚动轴承等，多用于成批生产。

（2）热胀配合法

热胀配合法也称红套，是利用金属材料热胀冷缩的物理特性，将孔加热，使之胀大，然后将轴装入胀大的孔中，待孔冷却收缩后，轴孔就形成过盈连接。热胀配合的加热方法应根据过盈量及套件尺寸的大小选择。过盈量较小的连接件可放在沸水槽（80℃~100℃）、蒸汽加热槽（120℃）和热油槽（90℃~320℃）中加热；过盈量较大的中型、小型连接件可放在电阻炉或红外线辐射加热箱中加热；过盈量大的中型和大型连接件可用感应加热器加热。

（3）冷缩配合法

冷缩配合法是将轴进行低温冷却，使之缩小，然后与常温孔装配，得到过盈连接。如过盈量小的小型连接件和薄壁衬套等装配可采用干冰将轴件冷至 -78℃，操作简单。对于过盈量较大的连接件，如发动机连杆衬套，可采用液氮将轴件冷至 -195℃。

2. 圆锥面过盈连接装配

圆锥面过盈连接是利用轴和孔产生相对轴向位移互相压紧而获得过盈连接的，常用的装配方法有如下两种：

（1）螺母压紧形成圆锥面过盈连接

如图 12-36 所示，拧紧螺母可使配合面压紧形成过盈连接。配合面的锥度小时，所需轴向力小，但不易拆卸；锥度大时，拆卸方便，但拉紧轴向力增大。通常锥度可取 1∶30~1∶8。

（2）液压装拆圆锥面过盈连接

圆锥面过盈连接，可以利用高压油装配，其结构如图 12-37 所示。装配时，用高压油泵将油从包容件上的油孔和油沟压入配合面（图 12-37a），也可以从被包容件上的油孔和油沟压入配合面之间（图 12-37b）。高压油使包容件内径胀大，被包容件外径缩小，施加一定的轴向力，就使之互相压入。当压入至预定的轴向位置后，排出高压油，即可形成过盈连接。同样，也可以利用高压油拆卸。利用液压装拆过盈连接时，不需要很大的轴向力，配合面不易擦伤，但对配合面接触精度要求较高，且需要高压油泵等专用设备。这种方法多用于承载较大且需多次装拆的场合，尤其适用于大型零件。

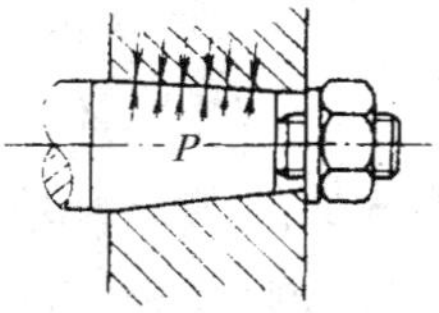

图 12－36 螺母压紧形成圆锥面过盈连接

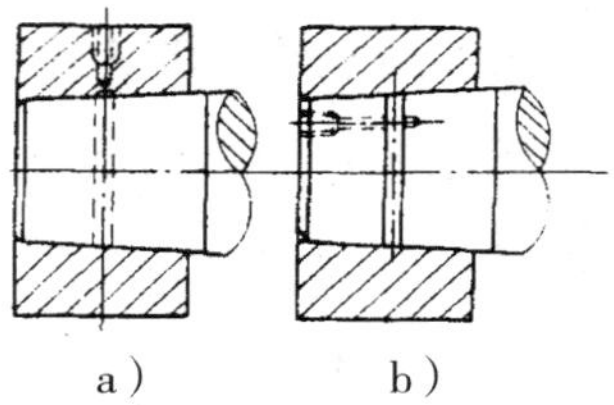

图 12－37 液压装拆圆锥面过盈连接

复习题

1. 普通螺纹连接的基本类型有哪几种？各应用于什么场合？

2. 对螺纹连接的装配技术要求有哪些？目的何在？

3. 常用螺纹连接的装拆工具有哪些？各应用于何种场合？其规格如何表示？

4. 重要的螺纹连接如何控制预紧力？

5. 双头螺柱装配的要点有哪些？

6. 拧紧双头螺柱的方法有哪几种？其原理是什么？

7. 螺钉和螺母在装配时应注意什么？为什么？

8. 螺纹连接松动的原因是什么？常用的防松方法有哪些？

9. 什么是松键连接？什么是紧键连接？各有何优缺点？

10. 简述松键连接和紧键连接的装配要点。

11. 花键连接结构要素包括哪些内容？新、旧矩形花键定心方式有何不同？为什么新矩形花键只规定小径定心一种方式？

12. 简述花键连接的装配要点。

13. 销连接的作用有哪些？为什么连接件的销孔在装配时要一起钻、铰？

14. 简述圆锥销的装配要点。

15. 什么是过盈连接？圆柱面和圆锥面各用什么方法实现过盈连接？

16. 常用过盈连接的装配方法有哪些？各应用于什么场合？

图书在版编目（CIP）数据

汽车维修钳工基础与操作/孟欣，战桂芳，马骏主编. —— 济南：山东人民出版社，2017.9（2019.8重印）
ISBN 978-7-209-10915-4

Ⅰ. ①汽… Ⅱ. ①孟… ②战… ③马… Ⅲ. ①汽车－车辆修理－钳工－技术培训－教材 Ⅳ. ①U472.4

中国版本图书馆CIP数据核字(2017)第159776号

汽车维修钳工基础与操作
孟欣　战桂芳　马骏　主编

主管单位　山东出版传媒股份有限公司
出版发行　山东人民出版社
社　　址　济南市英雄山路165号
邮　　编　250002
电　　话　总编室（0531）82098914
　　　　　市场部（0531）82098027
网　　址　http://www.sd-book.com.cn
印　　装　山东华立印务有限公司
经　　销　新华书店

规　　格　16开（169mm×239mm）
印　　张　11.5
字　　数　160千字
版　　次　2017年9月第1版
印　　次　2019年8月第2次
印　　数　2001—3000
ISBN 978-7-209-10915-4
定　　价　32.00元